폴란드

POLAND

폴란드

POLAND

그레고리 알렌, 막달레나 립스카 지음 | 이민철 옮김

세계의 **풍습과 문화**가
궁금한 이들을 위한
필수 안내서

시그마북스
Sigma Books

세계 문화 여행 _ 폴란드

발행일 2024년 1월 10일 초판 1쇄 발행
지은이 그레고리 알렌, 막달레나 립스카
옮긴이 이민철
발행인 강학경
발행처 시그마북스
마케팅 정제용
에디터 김은실, 최연정, 최윤정, 양수진
디자인 김은경, 김문배, 강경희

등록번호 제10-965호
주소 서울특별시 영등포구 양평로 22길 21 선유도코오롱디지털타워 A402호
전자우편 sigmabooks@spress.co.kr
홈페이지 http://www.sigmabooks.co.kr
전화 (02) 2062-5288~9
팩시밀리 (02) 323-4197
ISBN 979-11-6862-195-4 (04900)
978-89-8445-911-3 (세트)

CULTURE SMART! POLAND

Cover image: *Sunrise over the waterfront of Gdańsk's Old Town*. © Shutterstock by Zbigniew Guzowski.
Shutterstock: pages 14 by Borievky; 17 by Maciej Dubel; 58, 14 by PHOTOCREO Michal Bednarek; 59 by MaxxjaNe; 60, 164 by TTstudio; 62 by Sergey Dzyuba; 65, 108, 162 (bottom), 181 by Patryk Kosmider; 78 by Yasonya; 81 by Fotokon; 84 by WiP-Studio; 93 by Piotr Michnik; 98, 105 by Damian Lugowski; 103, 152 (bottom right) by zi3000; 114 by Alexa_Space; 124 by Margy Crane; 126 by monticello; 136 by MarKord; 141 by Chrispictures; 144 by Andrey Baidak; 149 by mistralx; 152 (top left) by Marian Weyo; 152 (top right) by Caftor; 152 (bottom left) by Natalia Hanin; 154 by Novikov Aleksey; 158 by Ramskyi Anton; 162 (top) by Pani Garmyder; 163 by Nahlik; 168 by kosmos111; 177 by Lazy_Bear; 183 by mares90; 184 by Sergii Figurnyi; 192 by Fotokon; 212 by marekusz; 228 by Agnes Kantaruk; 230 by Arkadiusz Komski.
Unsplash: pages 129 by Natali Hordiiuk; 134 in collaboration with Polina Kuzovkova; 172 by Yevhenii Dubrovskyi.
Creative Commons Attribution-Share Alike 4.0 International license: page 50 © Krugerr.
Creative Commons Attribution 3.0 Poland license: page 80 © Gov.pl.
Creative Commons Attribution-Share Alike 2.0 Generic license: page 209 © Piotr Porębski.

* 시그마북스는 ㈜**시그마프레스**의 단행본 브랜드입니다.

폴란드 전도

스웨덴

발트해

보른홀름섬
(덴마크)

리투아니아

러시아

그단스크만

카슈비아
그디니아
그단스크

바르미아

수바우키

엘블롱크

올슈틴

마 주 리 아

비아위스토크

슈체친

포 메 라 니 아

비드고슈치
쿠야비

토룬

포들라시에

바르타강

마 조 프 셰

포즈난

비 엘 코 폴 스 카

바르샤바

지엘로나
구라

오 드 라 강

칼리슈

우치

비아와
포들라스카

라돔

헤움

루블린

브로츠와프

오플레

키엘체

자모시치

엘레니아
구라

수 데 티 산 맥

쳉스트호바

마 워 폴 스 카

카토비체

비스와강

비엘스코비아와

크라쿠프

타르누프

체코

타 트 리 산 맥

우크라이나

슬로바키아

오드라강

나이세강

슐롱스크

독일

니사강

바르미아

엘베강

러시아

뻴라루스

차   례

06 여가생활

07 여행, 건강, 안전

08 비즈니스 현황

09 의사소통

이 책은 여행지에서 만날 사람들이 지닌 삶의 가치와 태도가 무엇인지 알려주고, 쓸모 있는 조언을 건네 여행자에게 보람 있는 여행을 선물하려 한다. 특히 폴란드는 최근 공산주의를 벗어나고 있어 열린 마음으로 그들을 배워야 한다. 그러나 폴란드의 경제, 문화, 정치 지형이 급격히 바뀌고 있음에도, 폴란드 문화의 핵심 정신은 한결같다. 물결치는 듯한 시골 언덕, 섬세하고 열정 넘치는 쇼팽, 맑고 상쾌한 폴란드의 황금빛 가을 아침은 폴란드인과 관광객 모두를 설레게 한다. 귀족이 물려준 낭만주의와 더불어, 폴란드 역사가 낳은 고집스러운 저항 정신과 자부심은 종종 끔찍한 결과를 초래했다. 다행히 이제 폴란드는 뼈아픈 과거를 뒤로하고 새로운 유럽과 현대 사회의 현실에 눈뜨고 있다. 지금이야말로 유럽의 한 가족으로서 새롭게 자리매김하는 폴란드를 알아볼 둘도 없는 기회이다.

오늘날 폴란드는 옛것과 새것이 뒤섞여 있지만, 그 둘이 늘 조화롭지는 않다. 우리는 폴란드의 유구한 전통, 공산주의 유산, 최근 정치와 사회의 분열을 살펴볼 것이다. 폴란드인을 이해하려면 사람들은 물론 그 땅과 역사도 반드시 알아야 한다. 폴란드인의 정체성은 역사를 통해 만들어졌다. 따라서 폴란드를 뒤흔든 과거의 주요 사건도 소개할 것이다. 폴란드의 가치와 태도를 다루면서 관계 중심 사회를 어떻게 봐야 할지, 폴란드만의 사회적, 직업적 삶의 특징은 무엇인지 알아볼 것이다. 또한, 어디서 어떻게 폴란드인과 교류할지, 폴란드인이 평소 어떻게 행동하고 특별한 날을 기념하는지도 살펴볼 것이다. 언어 장벽을 뛰어넘는 방법과 교통수단을 고르는 요령도 소개할 것이다. 폴란드에서 즐겁고 성공적인 시간을 보낼 수 있도록 폴란드에서 사업할 때 꼭 필요한 정보도 함께 제공할 것이다.

폴란드인은 무엇보다 마음이 따스하고 넉넉하며 개인적 관계를 소중히 여긴다. 폴란드인의 집에 초대받으면 절대 사양하지 말아라. 그들은 깜짝 놀랄 정도로 극진히 손님을 맞는다. 폴란드 속담에, '집에 온 손님은 신이다'라는 말이 있을 정도다. 이 책을 읽으면 훌륭한 손님으로서 폴란드인의 사랑을 듬뿍 받을 수 있을 것이다.

마지막으로 철자와 발음에 관해 짚고 넘어가자. 폴란드어에는 고유한 철자들이 존재한다. 'Ł'은 우치에서 보듯 '우'에 가까운 발음이다. 바르샤바에서처럼 'w'는 '브'로, 's', 'sz'는 '쉬'로 발음한다. 쳉스트호바의 'Ć', 'cz'는 'ㅊ' 발음이다. 제슈프의 'rz'는 'ㅈ' 발음에 가깝다.

공식 명칭	폴란드 공화국	
수도	바르샤바	인구 172만 3,000명
주요 도시	크라쿠프, 우치, 브로츠와프, 포즈난, 그단스크	
국경	체코, 독일, 벨라루스, 리투아니아, 러시아(칼리닌그라드 자치구), 슬로바키아, 우크라이나	
면적	31만 2,700km²(남한의 약 3배)	독일보다 조금 작다.
기후	발트해 영향을 받는 대륙성 기후	
통화	즈워티(PLN), 1즈워티=100그로시	1즈워티 = 약 320원
인구	3,799만 2,000명(2023년)	인구의 63%가 도시에 거주한다.
민족 구성	폴란드인 97.6%, 독일인 1.3%, 우크라이나인 0.6%, 벨라루스인 0.5%	나머지는 전 세계에서 이주한 인구. 인구의 약 21.5%가 외국 출신
언어	폴란드어	영어, 독일어, 러시아어가 제2 공용어로 쓰인다.
종교	로마 가톨릭교 95%	동방정교회, 개신교, 기타 5%
정부	의회 공화제. 국가 원수는 대통령이다. 의회는 상하원 양원제이다.	
매체	텔레비전과 라디오는 민간, 공영 방송이 모두 있다. 국영 방송사는 <폴스키에 라디오>와 <텔레비자 폴스카>가 있다.	주요 신문으로 대형 판형인 <가제타 비보르차>, <제치포스폴리타>와 타블로이드인 <팍트>, <슈퍼 익스프레스>가 있다.

영어 매체	<바르샤바 보이스>, <바르샤바 비즈니스 저널>, <바르샤바 인사이더>	대도시에 있는 키오스크에서 외국 신문을 판매한다.
전압	220V, 50㎐(유럽 표준)	110V 가전제품은 여행 전 어댑터를 구매해야 한다.
비디오/TV	PAL/SECAM 방식(유럽 표준)	
인터넷 도메인	.pl	
전화	폴란드 국가번호는 48이다. 바르샤바 지역 번호는 22이다.	국외 전화는 0번을 누른 다음 국가번호를 누른다.
시간대	유럽 표준시. 그리니치시보다 1시간, 미국 동부 표준시보다 6시간 빠르다. 서울보다 8시간 늦다.	

01

영토와 국민

폴란드는 오랫동안 유럽 중앙에서 동서를 잇는 다리 역할을 했다. 면적은 31만 2,700km²로 유럽에서 큰 편이며 이탈리아보다는 조금 크고 독일보다는 조금 작다. 인구는 3,790만 명으로 유럽연합 27개국 가운데 5번째로 많다.

폴란드에 오신 여러분 환영합니다. 폴란드는 오랫동안 유럽 중앙에서 동서를 잇는 다리 역할을 했다. 면적은 31만 2,700km²로 유럽에서 큰 편이며 이탈리아보다는 조금 크고 독일보다는 조금 작다. 인구는 3,790만 명으로 유럽연합 27개국 가운데 5번째로 많다.

폴란드는 대비가 뚜렷한 나라다. 유럽연합의 새 회원국으로 첨단 기술 경제가 발전을 거듭하는 한편, 광활한 논밭에서는 수백 년 전 방식으로 땅을 경작한다. 북쪽은 길게 발트해 연안을 따라 넓은 평원이 펼쳐지고 남쪽은 타트리산맥의 암석 봉우리가 우뚝 솟아있다. 기후도 여름은 덥고 겨울은 눈이 오고 춥다. 풍경도 지역마다 달라서, 바르샤바, 크라쿠프, 그단스크, 브로츠와프 같은 대도시는 현대식 건물과 조명이 밤을 밝히지만 낙후된 시골 지역은 마치 수백 년 전에 시간이 멈춘 듯하다. 젊은 세대가 대체로 서구의 현대식 생활방식을 받아들인데 반해, 나이 든 세대는 여전히 전통을 고집한다. 세대 차와 더불어 개인차도 있어서 진취적인 젊은이 가운데 전통을 고집하는 사람도 있다.

오늘날 바르샤바, 크라쿠프, 그단스크, 포즈난 같은 도시를 걸으면, 이곳이 얼마 전까지 파산한 공산국가였다는 사실을 믿기 힘들다. 도심은 상점, 부티크, 카페, 식당, 술집, 클럽이 즐비하다. 크라쿠프와 브로츠와프의 카페는 파리나 마드리드와 견주어도 뒤지지 않을 만큼 개성과 매력이 넘친다. 하지만 시골 풍경은 판이하다. 대도시가 유럽연합 가입과 경제 성장이 가져온 혜택을 누리는 동안 시골은 소외되었다. 작은 마을들은 지난 20년 동안 거의 변하지 않았다. 시골은 방치되고 젊은 세대는 큰 마을이나 도시, 외국으로 떠나 버렸다.

폴란드인에게 폴란드가 어떻게 변했는지 주저 없이 물어보아라. 사실 물어볼 필요도 없다. 그들은 외국인과 폴란드 이야기를 나누고 싶어 안달이 나 있기 때문이다.

지리적 특징

폴란드는 서쪽으로 독일, 남쪽으로 체코와 슬로바키아, 동쪽으로 우크라이나, 벨라루스, 리투아니아, 북동쪽으로 러시아인 거주지 칼리닌그라드와 국경을 마주하며, 북쪽으로 발트해를 바라본다.

폴란드 중부는 대평원 지대로 바르샤바, 포즈난, 우치와 같

타트리산맥의 아름다운 가시에니코바 계곡에 자리한 산장

은 도시들이 있다. 북부 발트해 연안에는 항구도시 그단스
크가 있다. 남부는 온통 산악지대로 크라쿠프에서 남쪽으로
100km쯤 가면 해발 2,499m에 달하는 높은 봉우리들이 즐비
한 타트리산맥이 지나간다. 남쪽에서 발원해 발트해로 흐르는
커다란 두 강줄기는 비스와강과 오드라강이다. 비스와강을 따
라서 바르샤바, 크라쿠프, 그단스크와 같은 도시가 들어섰다.
오드라강은 체코에서 발원해 브로츠와프를 지나 독일과의 국
경선을 따라 흐르다 마침내 북동부의 항구도시 슈체친 근방

의 발트해로 흘러든다.

인구 밀집 지역은 폴란드 전역에 흩어져 있으며 바르샤바만 대평원 가운데에 있어 주위에 눈에 띄는 지형이 없다. 바르샤바에서 고속도로를 타고 베를린이 있는 정서 방향으로 300km쯤 가면 포즈난이 나온다. 발트해 연안 도시인 그단스크는 그디니아, 소포트와 나란히 있다. 이 세 도시를 한데 묶어 '트라이시티'라고 부른다. 크라쿠프는 바르샤바 남쪽 약 300km, 타트리산맥 바로 북쪽에 위치한다. 브로츠와프는 폴란드 남서부, 수데티산맥 북쪽에 있다. 수데티산맥은 체코와 독일 동부지역까지 이어진다.

【 기후 】

폴란드는 주로 대륙성 기후로 발트해의 영향을 받는다. 여름은 대체로 맑고 무더우며 도시에 거주하는 사람들은 이때 시골과 호수, 산과 바다로 피서를 떠난다. 더위는 주로 5월 말부터 9월 초까지 이어지며 이 기간은 해마다 편차가 큰 편이다.

가을 날씨는 어둡고 침울한 날부터 눈부시게 아름다운 날까지 제각각이다. 황금빛 가을 풍경은 널리 알려진 대로 정말 아름답다. 바르샤바의 겨울을 가장 정확하게 묘사하는 낱말

월별 평균 기온		
바르샤바	화씨	섭씨
1월	27˚F	-2℃
4월	46˚F	7℃
7월	67˚F	19℃
10월	48˚F	9℃

은 잿빛과 축축함일 것이다. 이런 겨울 풍경과 다르게 남부 산악지대는 눈 덮인 봉우리들이 솟아있으며 절대 놓치지 말아야 할 환대와 음식, 향신료를 더한 따뜻한 맥주가 여행자를 기다린다!

간략한 역사

"패배해도 굴복하지 않으면 승리다.

승리해도 안주하면 패배다."

유제프 피우수트스키(1867~1935).

정치인, 국가원수, 폴란드 총사령관.

폴란드만큼 침략당한 나라는 흔치 않다. 독일, 러시아, 스웨덴, 타타르, 튀르키예, 오스트리아 모두가 폴란드를 두고 싸웠다. 그런데도 오늘날 폴란드가 건재하다는 사실은 폴란드 국민의 강인함과 됨됨이를 말해준다.

어느 나라나 역사가 가치관을 만들지만, 폴란드는 특히 더 그랬다. 폴란드인은 말과 문화, 전통과 종교를 억압당하면서 자신과 다른 국가를 보는 눈이 많이 달라졌다. 폴란드인은 굴곡진 역사를 겪으면서 불굴의 정신을 지니게 되었다. 활기 넘치는 문화와 경제가 증명하듯, 그들은 전투에서는 졌어도 전쟁에서는 지지 않았다.

오늘날 폴란드인은 폴란드 역사를 잘 알고 있으며 가톨릭 신앙에 기초한 폴란드 문화와 유산에 커다란 자부심을 느낀다. 폴란드의 국가 정체성은 가톨릭교회의 영향을 크게 받았으며 오늘날에도 그 영향력은 여전하다.

하지만 폴란드인의 역사 인식을 객관적이라고 하기는 어렵다. 그들은 선조들이 역경을 이겨내고 문화를 지켜왔다는 사실에 주로 몰두하고 고무된다. 그래서 폴란드는 종종 다른 유럽 국가들과 정치적·심리적으로 한 발짝 떨어진 채 조용히 지냈다. 2004년 5월 유럽연합 가입조약에 서명한 이후, 폴란드는 유럽연합 회원국으로서 착실히 경제 성장을 이루면서 유럽 국가들과 다시 교류하기 시작했다. 그러나 최근에는 유럽연합을 향한 반감을 앞세운 우파 정당 관련 세력이 눈에 띄게 느는 추세다.

폴란드인은 역사를 되돌아볼 때 자신들이 강하고 고귀한 사람들이며 갈등이 생기면 늘 이기는 편이 아니라 올바른 편에 섰다고 자부한다. 이 때문에 피해자 의식을 보이기도 한다. 폴란드는 이웃에 도움을 구하기보다 스스로 해결해야 한다는 사실을 배웠다. 오늘날에도 폴란드인은 그들이 힘들 때 세계가 어떻게 그들을 거듭 외면했는지 외국인들에게 이야기한다.

이제 폴란드 역사에서 가장 중요한 순간들을 개괄적으로 살펴보자.

【 기원 】

초기 폴란드인의 기원은 거의 알려지지 않았다. 오늘날 폴란드 지역에서 농경민과 수렵채집인이 함께 지내며 처음 교역로를 개척했다고 한다. 1930년대에 폴란드 중북부 비스쿠핀에서 기원전 8세기 무렵으로 보이는 요새화된 정착지가 발굴되었고 현재 누구나 가볼 수 있다. 기원전 5세기부터 발트해와 로마,

지중해를 연결하며 큰돈이 오가던 '앰버로드(호박을 거래하던 교역로-옮긴이)'도 이 교역로 가운데 하나다.

기원전 5세기 무렵 주변 켈트족과 게르만족이 이 지역을 습격했다. 공격에 맞선 원주민과 유목민이 모여 크게 무리를 지었다. 이때 무리에 합류한 슬라브족은 오늘날의 벨라루스 지역에서 서쪽으로 이동해 기원전 6, 7세기부터 폴란드 땅에 살기 시작한 듯하다. 다른 슬라브족은 동쪽과 남쪽으로 떠났다.

초기 폴란드인은 로마제국 영토 밖에서 살았고 서쪽과 남쪽의 이웃들보다 발전이 더뎠다. 하지만 그들은 부족 사회로 권력 구조가 명확했고 행정 중심지와 무역 거점도 있었다. 교역이 증가하면서 슬라브족이 번영했고 그 가운데 폴라니에라는 사람들이 폴란드 중앙 평원에 정착하면서 오늘날 폴란드의 기초를 세웠다.

【 피아스트 왕조 】

9세기 피아스트 왕조가 폴라니에를 다스리면서 폴란드의 정체성이 생겨났다. 폴란드의 말과 문화도 피아스트 왕조 아래 발전하기 시작했다.

966년 피아스트 왕조의 미에슈코 1세가 세례를 받고 가톨릭을 국교로 받아들였다. 현명하게도 게르만족 프랑크 왕국이 강제로 폴란드를 개종하기 전에 로마로부터 직접 가톨릭을 수용한 것이다. 서기 1000년 폴란드 교회가 세워지고 가톨릭교회는 폴란드를 보호하며 직접 관리했다. 1025년 '용감한' 볼레스와프 1세가 첫 국왕으로 즉위하면서 폴란드 왕국을 세웠다.

영국 헨리 2세의 명으로 토마스 베켓이 암살된 것과 놀라우리만치 유사한 사건이 1079년 일어났다. '대담한' 볼레스와프 2세가 미사를 올리는 동안 크라쿠프의 주교 스타니스와프가 살해당한 것이다. 스타니스와프 주교는 생전에 볼레스와프 2세에 저항하는 운동을 펼쳤으며 그가 사망하자 저항운동은 거세졌다. 이 사건은 교회와 세속 권력 간의 다툼이라는 선례를 남겼고 이후 역사에서 비슷한 일이 되풀이되면서 끔찍한 결과를 낳곤 했다.

1226년 마조프셰의 콘라트 공작이 발트해 연안 이교도 부족에게 공격받자 튜턴 기사단에 도움을 구했다. 이 열렬한 독일기사단은 이후 폴란드 역사에 지대한 영향을 미쳤다. 이교도를 물리친 기사단은 폴란드를 공격하더니 프로이센 지역을 차지해 바다로 가는 길을 막았다. 거대한 마리엔부르크성(오늘날 말보르크)에서 이들의 놀라운 건축술을 꼭 확인해보기를 바란다! 뒤이어 기사단은 슬라브 왕조가 다스리던 그단스크(단치히) 항구를 점령해 발전시켰지만, 그 과정에서 주민을 학살하고 독일인을 그단스크로 이주시켰다.

【 타타르인의 침략 】

폴란드를 휩쓴 또 다른 큰 세력은 타타르인으로, 1241년 처음 폴란드를 침공했다. 타타르인은 몽골 유목 전사로 중앙아시아에서 왔으며 뛰어난 궁술과 기마술로 적을 공포에 떨게 했다. 이들은 칭기즈 칸이 세운 몽골 제국에 충성해야 했지만, 스스로 판단하고 움직였으며 체코, 러시아, 폴란드, 헝가리 영토를 침략하고 전리품을 챙겨 중앙아시아 스텝 지대로 귀환하곤 했다.

그들은 순식간에 모든 것을 무너뜨렸다. 마을이 약탈당하고 불에 탔으며 사람들은 집을 버리고 멀리 달아났다. 폴란드군은 이 숙련된 기마병과 상대조차 되지 않았고 레그니차, 크라쿠프와 같은 대도시가 파괴되었다.

타타르인의 침략 후 도시를 재건하는 과정에서 외국인이 대거 유입되면서 도시가 발전했다. 독일인들은 독일 문화와 전통, 여러 직업과 기술을 들여왔다. 동시에 소수민족이던 유대인 수도 늘었다. 가톨릭교회가 언짢아했지만 '경건한' 볼레스와프는 1264년 유대인에게 자유헌장을 부여해 종교적 관용을 베풀었고 이들은 폴란드 왕국의 경제 성장을 도왔다.

[카지미에시 대왕]

피아스트 왕조는 끝을 향하고 있었지만, 카지미에시 3세 (1333~70)가 다스리는 수도 크라쿠프는 번영했다. 그는 피아스트 왕조 마지막 왕으로 흔히 카지미에시 대왕으로 불린다. 이무렵 크라쿠프에 유럽 최초의 대학교 가운데 하나가 세워졌다. 현재는 야기에우워 대학교라는 이름으로 존재하며 여전히 폴란드 최고 학술기관에 속한다.

1331년 폴란드 최초로 국회, 즉 세임이 열렸다. 카지미에시 대왕은 폴란드 국경을 힘껏 넓히는 한편, 폴란드의 첫 법전 편찬을 감독했다. 폴란드, 특히 크라쿠프가 번성한 것은 사람들이 북적이는 교역로가 폴란드를 동서남북으로 가로질렀기 때문이다. 사람들은 폴란드를 집에 비유하며 카지미에시 대왕이 '나무집을 벽돌집으로 바꾸었다'고 말한다.

카지미에시 대왕은 대를 이을 아들이 없어 조카인 헝가리의 루이 대왕에게 왕위를 넘겼다. 1384년 루이 대왕은 갑론을박 끝에 열한 살배기 딸 야드비가에게 왕위를 물려줬다. 1386년 야드비가는 리투아니아의 대공 야기에우워와 혼인한다. 야기에우워는 폴란드를 대표해 세례를 받고 가톨릭으로 개종한 다음 브와디스와프 2세 야기에우워로 등극했다. 혼인으로 두 나라가 합치자, 동유럽 이교도를 강제 개종하겠다는 사명을 앞세운 튜턴 기사단도 리투아니아를 어찌하지 못했다. 이것이 폴란드 역사에서 한 번뿐인 성공한 연합, 즉 폴란드-리투아니아 연합의 시작이었으며 이로써 폴란드는 유럽 최대 국가가 되었다. 연합은 타타르인과 튜턴 기사단을 견제하면서 발트해에서 흑해까지 영토를 넓혔다.

【 그룬발트 전투(타넨베르크 전투) 】

폴란드는 13세기부터 줄곧 몽골의 침략에 시달리다가 15세기가 되어 타타르인의 도움을 받았다. 그리고 1410년 여름, 야기에우워가 폴란드, 타타르, 리투아니아, 정교회, 보헤미아 형제단으로 구성된 연합군을 이끌고 튜턴 기사단에 맞서 치른 그룬발트 전투에서 고대하던 승리를 거뒀다.

독일의 튜턴 기사단은 서유럽 국가들의 지원을 받아 '이교도' 리투아니아와 그들을 원조하던 폴란드 침공에 나섰다. 실제로 연합군 병력 가운데 무슬림인 타타르군은 물론이고 리투아니아인 대부분이 기독교도가 아니었다. 그러나 이들 비율이

그룬발트 전투. 15세기 베른 연대기 삽화

높지 않았음에도 폴란드는 그룬발트 전투를 종교 박해에 맞선 승리의 상징으로 여겼다. 현지 주민까지 나무 막대기를 들고 합류한 연합군은 수적 우세를 앞세워 무기와 전술이 뛰어난 튜턴 기사단의 강력한 군대와 맞서 싸웠다. 그 결과 튜턴 기사단이 마리엔부르크 요새에 머물기는 했지만, 폴란드는 마침내 튜턴 기사단의 위협에서 벗어나 평화를 맞이했고 폴란드-리투아니아 연합은 영토를 확장했다. 야기에우워 왕조가 잠시 폴란드-리투아니아 연합을 비롯해 헝가리, 보헤미아 지방까지 함께 통치하면서 이들 연합은 발트해와 흑해를 포함해 모스크바 코앞까지 그 세력을 넓혔다. 광대한 영토는 폴란드, 리투아니아, 에스토니아, 우크라이나, 프로이센, 무슬림인 타타르, 유대인까지 다양한 민족을 포함했다.

〔 종교적 관용 〕

폴란드는 예전부터 종교적 관용의 땅으로 알려져 누구나 핍박받지 않고 종교적 믿음을 추구할 수 있는 곳이었다. 12세기부터 15세기까지 많은 유대인이 십자군과 흑사병에 따른 박해와 학살을 피해 독일, 보헤미아 지역을 떠나 폴란드로 이주했고 훗날 스페인에서 추방된 유대인도 이주 대열에 합류했다. 슬라브인은 대체로 농민이었으나, 유대인은 주로 도시에 거주하던 장인으로, 무역과 재정 문제에 능통한 사람들이었다. 이런 이유로 폴란드의 왕과 영주들은 유대인들이 폴란드 땅에 정착하도록 독려했고 그들을 보호했다. 상인과 장인을 반기는 폴란드로 유대인이 대거 유입되고 덩달아 유대인 사회도 번영을 맞이했다. 또 다른 소수민족 프로이센도 경제 성장을 이끌 기술을 보유한 덕에 상당한 자율성을 보장받았다.

【 폴란드의 르네상스 】

르네상스의 문화적 여파가 이웃 국가 러시아를 비껴가는 사이, 폴란드에서는 예술과 과학이 번창했다. 종교적 관용 덕분에 저명한 사상가들이 교회가 꺼리는 생각들을 자유롭게 펼쳤기 때문이다. 16세기는 폴란드 문화, 학술, 경제의 '황금기'였다. 니콜라우스 코페르니쿠스(미코와이 코페르니크)는

바르샤바에 있는 폴란드 과학 아카데미 앞
코페르니쿠스 동상

『천구의 회전에 관하여』를 출판해 지구가 태양 주위를 공전한다고 가정했다. 폴란드 예술, 건축, 문학은 이탈리아 르네상스에 큰 영향을 받았다.

【 선거군주제 】

1569년 세임, 즉 폴란드 국회는 루블린 연합을 선포하고 공식적으로 폴란드와 리투아니아 양국을 폴란드 연방에 포함했다. 1572년 지그문트 아우구스트가 후사 없이 서거하면서 야기에우워 왕조가 막을 내렸다. 이어서 폴란드에는 이른바 귀족 공화국이 들어서고 귀족 계급이 새로운 왕을 선출하는 제도가 채택된다. 그러나 공공연히 표를 사고파는 등 투표 과정에서 부정이 만연했고 외국인이 잇달아 왕위에 오르면서 유럽의 강대국 폴란드는 자멸의 씨앗을 뿌린다. 동시대의 다른 유럽 국가들이 중앙집권화되던 것과 다르게, 폴란드는 여전히 봉건귀족의 지배를 받았고 점차 국토가 분열되었다. 폴란드는 차츰 통치하기 버거운 나라가 되었고 선출된 군주는 폴란드인이든 아니든 거의 지지를 받지 못했다.

그러나 이 기간에도 폴란드는 전쟁에서 승리를 거뒀으며 대표적 사례가 러시아의 뇌제 이반 4세를 상대로 거둔 승리다.

잠시 폴란드를 다스리던 안나 야기엘론카는 트란실바니아의 스테판 바토리를 만나 혼인한다. 1571년 스테판 바토리는 폴란드군을 이끌고 리보니아, 즉 오늘날 라트비아 지역의 영토분쟁에 뛰어든다. 그러나 로마의 개입으로 모스크바 점령에 실패하고 러시아와의 전쟁을 완수하지 못한다.

세 번째 왕으로 선출된 지그문트 3세는 1596년 수도를 크라쿠프에서 바르샤바로 옮겼고 그 때문에 오늘날까지도 크라쿠프 사람들의 원망을 사고 있다.

【 종교개혁과 반종교개혁 】

흔히 로마가톨릭교회가 무너지기까지 천 년 동안 줄곧 아무 문제 없이 폴란드가 교회에 영적으로 예속되었다고 생각한다. 16세기 중엽까지 폴란드 국회는 가톨릭교회의 활동을 축소해온 개신교 귀족들이 지배했다. 앞서 살펴봤듯이 폴란드는 공식적으로 종교적 관용의 나라였다. 그 가운데 러시아정교회에게 박해받던 리보니아의 루터 교도들이 폴란드에 신변 보호를 요청했고, 그 대가로 폴란드는 리보니아를 자국 영토로 편입하기도 했다. 이미 폴란드 귀족 대부분이 개신교로 개종했고 게르만 지역 국가들은 독실한 루터 교도였던 터라, 폴란드는 그들의 뒤를 따라 개신교 국가로 거듭나려던 중이었다. 그러나 중요한 요소 하나가 부족했다. 폴란드에는 장인이나 기술자 같은 중간계급이나 숙련된 전문직 종사자가 없었다. 폴란드는 봉건제에 뿌리내린 채 꿈쩍하지 않았다.

이런 경향은 이후 꾸준히 폴란드 사회에 지대한 영향을 미친다. 폴란드 서쪽 국가들에서는 기술자나 학자 같은 중간계급이 성장했지만, 폴란드에는 그에 견줄 만한 계층이 부족했던 탓에 유대인 기술자와 독일의 상인과 장인을 받아들여야 했다. 서양 종교개혁에 불을 붙인 것은 도시 중산층이지만 폴란드에는 이들이 부재했다. 폴란드에서 종교개혁운동은 거의 오롯이 상류층에 국한된 현상이었다. 반면 농민들은 여전히 가톨릭교회에 충실했다.

가톨릭교회는 반종교개혁으로 거의 피 한 방울 흘리지 않고 이 싸움에서 승리했다. 폴란드 교회는 가톨릭으로 돌아섰고 예수회는 학교를 열어서 교회가 잃은 신뢰를 회복하느라 애썼다. 1564년 개신교에 우호적이던 지그문트 2세가 가톨릭으로 개종한 사건이 결정적이었다. 종교적 관용이라는 공식 입장이 여전히 유효했기에 개신교도가 추방되거나 박해받지는 않았다. 그러나 예수회는 얼마 안 남은 개신교도를 개종하려

했으며 우크라이나의 카자크 정교회도 그 대상이었다. 이는 1648년 카자크 봉기를 초래하는 원인이 되었다.

17세기 후반 개신교도인 스웨덴의 칼 10세가 폴란드를 침공하면서 교회와 수도원을 약탈하고 민중에게 잔혹 행위를 일삼자, 가톨릭교회의 지위는 더욱 공고해졌다. 이 침공은 그 성격상 영토 침략의 목적보다는 폴란드 내 개신교와 가톨릭 세력의 대립으로 이해된다.

[포탑(대홍수)]

1648년 스웨덴, 타타르, 카자크가 동시에 폴란드를 침공하면서 폴란드어로 대홍수를 뜻하는, 이른바 포탑이 시작되었다. 폴란드의 쇠락은 걸핏하면 말다툼하느라 바쁜 거만한 귀족들 간의 자잘한 내분 탓이었다. 그런데 헨리크 시엔키에비치 (1846~1916)의 대하소설 『대홍수』를 보면 이 시기 폴란드는 오히려 국수주의적인 모습으로 회상된다. 폴란드는 스웨덴에 국토 대부분을 마구 약탈당한 후, 다시 힘을 모아 상당히 공격적으로 영토 회복에 주력했다. 폴란드인은 훗날 포탑을 외세의 침략과 압제에 대항해 전세를 역전시킨 사례로 종종 손꼽는다. 1660년 올리바 조약으로 스웨덴과는 평화로운 관계를 맺지만, 국경을 침범하는 적들로 폴란드-리투아니아 연합의 국토는 황폐해졌다. 광활했던 영토가 확 줄어들고 절반에 가까운 인구가 전쟁과 질병으로 사망했다.

폴란드군이 두말할 나위 없이 가장 강성했던 때는 1683년 얀 3세 소비에스키가 발칸 반도에서 빈으로 향하는 오스만 튀르크인들을 손쉽게 격퇴한 순간이다. 많은 폴란드인이 여전히 이 사건을 무슬림의 침략에서 가톨릭 유럽을 지켜낸 사건으로 여긴다. 그러나 오스트리아가 폴란드 남부 갈리치아 지역을 노리고 있었고 두 나라는 얼마 후 전쟁을 치른다.

폴란드 연합은 정치 체제가 무너지고 족벌주의가 횡행하고 귀족 계급의 내분이 일어나면서 힘없이 무너졌다. 중앙 정치 세력이 아예 무너지자 폴란드 주변국들은 폴란드에 눈독 들이기 시작했다. 특히 러시아의 표트르 대제(1682~1725)와 예카테리나 대여제(1762~96)는 폴란드의 내분을 이용해 바르샤바에서 영향력을 키웠다.

【 분할 】

1795년부터 1916년까지 폴란드는 유럽 지도에서 사라졌다. 쇠약해진 폴란드는 세 차례 분할되었다. 강력한 세 제국, 러시아의 표토르 대제, 프로이센 왕국의 프리드리히 2세, 오스트리아 제국의 마리아 테레지아는 저마다 영토를 넓히려는 욕심이 있었고 마침 무력하고 분열된 폴란드는 기회의 땅처럼 보였다.

1772년 프리드리히 2세가 러시아와 오스트리아의 전쟁을 막고자 표토르 대제가 노리던 땅을 내준 것이 1차 폴란드 분할이었다. 세 제국은 서로 간의 전쟁을 막고 균형을 유지하기 위해 폴란드를 나눠 가졌다. 1차 분할로 프로이센은 북부와 중앙의 바르미아와 포메렐리아(포메라니아 동부)를, 러시아는 동부의 벨라루스와 라트갈레(라트비아 동부)를, 오스트리아는 남부의 갈리치아를 차지했다.

1차 분할로 폴란드는 국토 3분의 1과 인구 절반을 잃었다. 스타니스와프 아우구스트 2세는 폴란드를 지키기 위해 국회와 함께 정치 개혁을 추진했다. 그 결과 세계에서는 미국 다음으로, 유럽에서는 처음으로 성문 헌법인 '5월 3일 헌법'을 완성했다. 폴란드인은 이 자랑스러운 헌법제정일을 국경일로 지정했다.

폴란드가 헌법을 제정하자 위기를 느낀 러시아는 폴란드 정부를 압박해 1793년 2차 폴란드 분할에 착수했다. 2차 분할로 러시아가 동부에서, 프로이센이 그단스크를 점령해 서부에

디대우시 코시치우슈코.
정치인, 국민 영웅, 군 공학자

서 영토를 넓히면서, 폴란드 영토는 얼마 안 남고 만다.

【 코시치우슈코의 부상 】

1794년 1, 2차 폴란드 분할의 수모를 갚겠다며 타데우시 코시치우슈코가 긴 낫으로 무장한 농민군을 이끌고 러시아에 맞섰다. 미국 독립전쟁 영웅이자 군 공학자였던 코시치우슈코와 농민군은 분연히 일어나 러시아를 공격했지만, 도저히 이길 수는 없었다. 예카트리나 여대제는 되려 폭동을 빌미 삼아 3차 분할을 추진하고 1795년 폴란드는 멸망한다.

【 나폴레옹 보나파르트 】

폴란드는 나폴레옹 보나파르트의 등장으로 잠시나마 외세의 지배를 벗어났다. 나폴레옹을 도와 외세를 몰아내고 독립을 얻으려는 폴란드인들이 국내외에서 모여들었다. 그러나 막상 얻은 것은 바르샤바 공국의 준 자치권뿐이었다. 바르샤바 공국은 1807년 나폴레옹이 프로이센을 몰아내고 세운 나라였다. 그마저도 러시아군의 공격으로 프랑스군이 밀려나면서 바르샤바 공국은 금세 러시아의 손에 들어갔다.

1815년 전쟁이 끝나고 빈회의가 열리자 폴란드인들은 자치권을 돌려받기를 바랐지만 거의 아무것도 얻지 못했다. 점령국들이 제자리로 돌아왔다. 바르샤바 공국은 폴란드 의회 왕국으로 바뀌고 러시아가 다스리는 준 독립 국가가 되었으며 러시아 황제가 폴란드 왕을 겸했다. 오스트리아는 갈리치아에 '자유 도시' 크라쿠프를 세웠다. 세 점령국은 폴란드에 소통의 자유와 자치권을 보장하겠다고 약속했지만 지키지 않았다.

【 민족주의와 저항 정신 】

폴란드인은 독립을 위해 끝없이 투쟁했다. 1830년 러시아에 항거한 이른바 11월 봉기는 바르샤바 공국 역사에서 중요한 의미를 지닌다. 새로운 러시아 황제 니콜라스 1세는 단호히 대응했다. 그는 반란자를 진압하고 폴란드인을 러시아인으로 만들고자 폴란드의 말과 문화를 금지하는 법률을 제정했다. 무력한 지식 계급은 농민의 지지를 얻지 못해 대규모 반란을 일으키지 못했다. 외국으로 달아날 수 있던 지식인들은 끔찍한 경제 상황과 러시아의 압제를 피해 폴란드를 떠났다. 1846년과 1863년 또 다른 봉기가 실패하고 참가자들은 시베리아로 추방당했다.

이 시기는 '위대함은 고통 속에 나온다'는 폴란드 속담에 딱 들어맞는다. 억압 속에서 폴란드 문화는 다시 일어섰다. 가장 유명한 사례가 작곡가 프레데리크(프리데리크) 쇼팽(1810~49)과 낭만주의 시인 아담 미츠키에비치(1798~1855), 율리우시 스워바츠키(1809~49)이다. 이들은 비참한 조국의 상황을 예술로 승화했고 지금도 대단히 존경받는다.

아담 미츠키에비치 초상화 세부, 1828년

쇼팽. 잉크 수채화 초상, 1836년

【 산업혁명 】

19세기 후반 산업화와 자본주의가 시작되자 폴란드 사회는 크게 변화했다. 농민들이 땅을 버리고 점점 늘어나는 공장과 탄광으로 일자리를 찾아 떠나면서 많은 인구가 도시로 이동했다. 카토비체, 우치와 같은 도시도 이때 발전했다. 농민들에게 경제력이 생기고 이동이 자유로워지자 귀족은 지배력을 잃기 시작했다.

수백만 명이 빈곤과 압제를 피해 더 나은 삶을 찾아 외국으로, 주로 미국으로 떠났다. 1892년에는 '폴란드 제2공화국의 아버지'라고 불리는 유제프 피우수트스키가 폴란드사회당을 창당했다.

【 제1차 세계대전 】

폴란드 점령국들은 제1차 세계대전으로 큰 피해를 입었다. 폴란드 영토에서 교전이 벌어지면서 폴란드도 피해가 커서 전쟁이 끝날 무렵 폴란드인 사망자는 백만 명에 가까웠다. 그러나 전쟁으로 폴란드는 다시 정상 국가로 돌아갈 기회를 얻었다. 미국의 우드로 윌슨 대통령이 민족자결주의를 바탕으로 종전 합의를 하자고 주장한 것이다. 그 결과, 1918년 11월 폴란드 공화국이 독립하고 유제프 피우수트스키가 초대 대통령으로 취임했다.

1919년 베르사유 조약으로 폴란드 국경을 새로 그으며 생긴 이른바 '폴란드 회랑'으로 독일과 동프로이센이 분리되었다. 폴란드는 이 회랑을 통해 발트해로 나아갈 수 있었다. 발트해의 항구도시 그단스크는 자유로이 교역하는 도시국가였다. 독일어로 단치히라고도 하는 그단스크는 인구 대부분이 독일인이었다. 1921년에는 소수 국적자의 권리를 보호하는 폴란드 헌법이 제정되었다.

[폴란드 - 소비에트 전쟁]

전쟁은 피할 수 없었다. 소련의 레닌은 공산주의를 전파하겠다며 서쪽으로 이동했고 폴란드의 국가원수 피우수트스키는 옛 영토를 수복하겠다며 동쪽으로 이동했기 때문이다. 1919년에서 1921년까지 폴란드군은 신생 독립국 리투아니아로 진군해 수도 빌뉴스를 손에 넣고 우크라이나 키이우까지 쳐들어갔다. 그러나 러시아의 붉은 군대가 바르샤바 코앞까지 다가오자 폴란드 본토가 위태로웠다. 1920년 8월, 피우수트스키는 '비스와강의 기적'이라는 역습으로 러시아군을 폴란드에서 몰아내고

우크라이나 국경 너머로 500km 넘게 진군했다. 마침내 1921년 폴란드와 러시아가 리가에서 평화 조약을 체결하고 우크라이나와 벨라루스 영토 대부분을 나누어 갖기로 합의하면서 폴란드는 빌뉴스를 지켜냈다.

[제1차, 제2차 세계대전 사이]

많은 폴란드인이 제1차, 제2차 세계대전 사이를 폴란드가 문화적으로 성숙한 시기이자 잇달아 일어난 사건들 때문에 빼앗긴 시기로도 여긴다. 특히 바르샤바 사람들은 이 너무나 짧은 평화와 번영의 시기에 바르샤바가 세계인에게 얼마나 매력적인 곳이었는지 즐겨 이야기한다.

폴란드 공화국의 첫 내각은 중도파와 우파로 구성되었다. 그들은 6년에 걸친 전쟁으로 폐허가 된 폴란드를 보면서 통화를 안정시키고, 수백만 명의 실업자를 위해 일자리를 만들고, 소수민족, 이웃 국가와 협력하기 위해(모두스 비벤디) 애썼지만 실패했다. 사회 전반에 불만과 혼란이 넘쳤다. 1926년 무능력한 국회에 실망한 피우수트스키 장군이 군사 반란을 일으켜 정권을 잡은 다음 독재정권을 세웠다. 그는 지지 세력과 함께 폴란드 경제를 되살리고 오랫동안 분열되었던 나라를 다시 일으켜 세웠다. 1935년 그가 사망하자 뒤이어 리츠시미그위 장군이 집권했다.

민족주의 감정이 고조되면서 폴란드인과 소수민족 사이가 틀어지기 시작했다. 폴란드의 유대인은 350만 명으로 유럽에서 가장 많았다. 나치가 독일의 유대인을 박해하자 유대인들은 매우 불안해했다. 폴란드의 유대인도 불안해했지만, 폴란드인들도 불안하기는 마찬가지였다. 히틀러가 자기 집 뒷마당에 모여 사는 유대인을 구실 삼아 폴란드를 쳐들어오지 않을까 걱정한 것이다. 1930년대 후반 반유대인 감정과 대학살이 폴란드를 휩쓸면서 유대인 사업 불매운동이 생겼다. 어려운 시기였지만 많은 폴란드 자유주의자가 물심양면으로 유대인들을 도왔다.

그러나 지평선 위로 먹구름이 드리웠다. 폴란드는 매우 호전적인 독재자들이 다스리는 두 나라 사이에 끼어 있었다. 동쪽에는 스탈린이, 서쪽과 남쪽에는 히틀러가 있었다. 히틀러는 1938년 5월 체코슬로바키아를 강제로 합병했다. 스탈린과 히틀러는 몰래 상호불가침조약을 맺어 적어도 겉으로는 서로 간섭 없이 마음껏 폴란드를 침공할 수 있었다. 폴란드는 적에게 둘러싸였고 히틀러는 '레벤스라움(생활권, 게르만 민족의 확장 정책-옮긴이)'을 실행에 옮겼다. 남은 미래는 하나뿐이었다.

【 제2차 세계대전 】

1939년 9월 1일, 히틀러는 단치히와 동프로이센을 두고 재협상을 거부했다는 이유로 폴란드에 선전포고했다. 2주 뒤 이번에는 소련이 폴란드 서부를 침공했고 9월 말이 되자 폴란드는 다시 한번 온 나라가 외세의 손아귀에 들어갔다. 영국과 프랑스가 폴란드를 돕겠다며 독일에 전쟁을 선포하지만 즉시 병력을 보내지는 않았다.

흔히 나치 독일이 전쟁 포로들을 노예로 삼고 학살했다는 사실은 잘 알지만, 소련이 1940년과 1941년 두 해에 걸쳐 166만 명에 달하는 폴란드 군인과 시민을 강제노동수용소로 보냈다는 사실은 잘 모른다. 더욱이 소련은 히틀러와 손잡고 폴란드를 유럽 지도에서 지워버리기로 하고 붉은 군대를 동원해 수천 명의 전쟁포로를 학살했다. 그 가운데 가장 끔찍한 사건은 1940년 3월 소련이 카틴 숲에서 전투에 진 폴란드 군인 2만 명 이상을 학살한 사건이다. 소련 정부는 사건에 책임을 지기는커녕 사실조차 부인하고 있어 폴란드인들의 분노를 사고 있다.

독일은 1941년 6월 소련을 침공한 다음, 폴란드 영토를 완벽히 손에 넣었다. 독일은 새로 점령한 폴란드 땅에 아우슈비츠, 트레블링카와 같이 강제수용소를 세워 '열등한 인종'을 독일 국경 밖으로 몰아냈다. 이 죽음의 공장에서 사람들은 전쟁을 위해 노예처럼 부려지고 노동력을 착취당했으며 가스실에서 수백만 명이 몰살당하기도 했다.

【 바르샤바 봉기 】

1941년 독일의 소련 침공으로 폴란드와 소련 모두 독일이라는

적이 생겼지만, 두 나라는 손을 잡지 않았다. 오히려 소련은 비
스와강 건너편에 주둔한 채 독일이 바르샤바 봉기를 진압하는
과정을 구경만 했다.

　바르샤바 봉기는 런던의 폴란드 망명정부가 계획하고 친서
방 폴란드 국내군, 이른바 아르마 크라요바에게 실행을 명령
한 사건으로, 소련군이 바르샤바로 진군하던 1944년 8월 1일
일어났다. 결말은 대학살이었다. 서방 동맹국들이 폴란드를 돕
자고 소련을 재촉했지만, 스탈린은 동맹국들이 소련 비행장을
사용해 물자를 보급하지 못하게 막았다. 63일에 걸친 혹독한

1945년 폐허가 된 바르샤바 옛 시가지의 시장

전투 끝에 20만 명에 가까운 폴란드인이 전사했다. 앙갚음으로 독일은 도시의 벽돌 하나까지 철저히 파괴하고 떠났다. 소련의 붉은 군대가 독일로부터 폴란드를 해방시킨 것은 이듬해인 1945년이다. 제2차 세계대전이 끝날 때까지 사망한 폴란드인은 6백만 명으로, 그 가운데 절반이 유대인이었다. 2004년에는 바르샤바 봉기 60주년을 맞아 바르샤바 볼라 지구에 바르샤바 봉기 기념관이 개관했다.

【 전후 합의 】

1945년 2월 얄타 회담에서 처칠과 루스벨트가 스탈린에게 소련이 폴란드를 차지해도 좋다고 확답하자, 갖은 고생을 하며 전쟁을 치른 폴란드는 동맹국들에 배신감을 느꼈다. 1945년 7월, 8월 얄타 회담과 포츠담 회담에서는 폴란드 국경을 중세 때로 되돌리기로 했다. 그러려면 폴란드 국경이 서쪽으로 200km쯤 이동해야 했다. 폴란드는 동부를 소련에 주고 서부를 독일에서 받았다. 이 과정에서 줄잡아 3백만 명의 폴란드인과 2백만 명의 독일인이 강제로 이주당했다. 독일인들이 떠난 도시, 브로츠와프(과거 브레슬라우)에는 지금도 우크라이나에서 온 폴란드인들이 살고 있다.

【 공산주의 】

폴란드는 늘 이상적인 공산주의 국가와는 거리가 멀었다. 스탈린이 폴란드 공산주의자들을 가리켜 래디시를 닮았다고 했다는 이야기가 있다. 겉은 빨개도 살짝 벗겨보면 속이 하얗다는 뜻이다.

　　1946년 공산주의자들은 부정으로 점철된 이른바 '세 번 동의하는' 국민투표를 통해 자연스럽게 국가 경제를 국유화할 명분을 얻었다. 이듬해 모든 우파 정당이 법으로 금지되고 아무런 반대 없이 사회주의자 연합이 결성되어 폴란드 인민공화국을 다스리기 시작했다. 예전처럼 동독의 슈타지나 러시아의 KGB와 같은 비밀경찰에게 감시받지는 않았지만, 폴란드 인민공화국은 소련과 함께 움직였다. 1949년 폴란드에 정당은 공산당인 폴란드통일노동자당PZPR만 남았다.

1949년 폴란드는 공산권 경제상호원조회의에 가입했다. 1950년대 초 스틸린주의를 받아들인 공산당은 국유화에 더욱 힘을 쏟고 농촌을 집단 생산체제로 바꾸고 가톨릭 신자를 박해하면서 국민을 핍박했다. 1955년에는 바르샤바 조약을 통해 소련 내 국가들과 상호방위조약기구에 가입했다.

그러나 스탈린주의가 도입되자 폴란드인의 마음은 가톨릭교회로 기울었다. 가톨릭교회는 공산당에 감시받지 않는 하나뿐인 조직이었다. 1956년 포즈난에서 시위와 폭동이 일어나고 1960년대에는 자유가 조금 주어졌다. 그러나 경제 침체와 1970년 식품 가격 폭등으로 그단스크에 폭동이 일어났다.

공산주의 체제를 향한 불만은 1978년 카를 보이티와가 교황 요한 바오로 2세로 선출되자 폴란드인들이 보인 열띤 환호로 드러났다. 이듬해 새 교황이 조국을 방문하자 폴란드 역사상 가장 많은 환영 인파가 모였다. 가톨릭교회는 항상 보이지 않는 곳에서 공산당 선전에 반대해 왔지만, 돌연 정치 세력으로 주목받기 시작했다.

[연대노동조합과 계엄령]

1980년 그단스크 조선소의 전기기사 레흐 바웬사가 두 배로 폭등한 음식값에 항의하며 노동자시위를 이끌었다. 이들은 연대노동조합(이하 연대노조 - 옮긴이)을 만들고 항구 노동자와 실롱스크 광부 시위를 지원했다. 가톨릭교회와 반정부 지식인 등 많은 사람이 시위대를 지지했다. 시위대는 21가지 요구 사항을 제시했으며 이는 금세 동유럽 전체로 번졌다. 그해 6월, 정부는 연대노조를 공식 인정하고 크게 한발 양보했다.

그러나 소련이 결정을 뒤집으라며 폴란드 정부를 강하게 압박하자, 결국 그해 12월 야루젤스키 장군이 계엄령을 선포했다. 경찰과 군대가 압도적 무력을 앞세워 바웬사를 비롯한 연대노조 지도부와 운동가들을 체포하고 조합을 공식 해산시켰다. 정부는 시민의 자유를 박탈했다. 전차로 거리를 휘젓고 다니고 검문소를 세워 차량을 수색하고 수천 명을 뚜렷한 혐의 없이 체포했다.

1982년 정부는 이만하면 연대노조도 잠잠해지리라고 여겨 바웬사를 풀어주고 이듬해 계엄령을 철회했다. 그러나 정부의 예상과 다르게, 그해 바웬사가 노벨평화상을 수상하면서 세계의 관심과 연민이 다시 연대노조의 투쟁에 쏟아졌다. 게다가 연대노조를 지지한 예지 포피우스코 신부가 폴란드 비밀경찰에 살해되자 폴란드 정부는 다시 신뢰를 잃고 곤경에 빠졌다.

야루젤스키 장군은 연대노조만큼 폴란드인들의 지지를 얻지 못했고, 같은 시기 폴란드는 역사상 가장 끔찍한 경제 위기를 맞았다. 경제가 무너지기 직전이어서 외화벌이를 위해 모든 생산품을 국외에 수출했고 국내에는 쓸 만한 물건이 남지 않

'연대노조 30년'. 오스트로비에츠의 벽화, 군중 앞에 선 예지 포피우스코 신부

았다. 1980년대를 겪은 폴란드인은 주린 배를 움켜잡고 배급을 기다렸다고 그때를 기억한다. 가게 줄이 건물 모퉁이를 돌아 길게 늘어섰고, 가게 선반 위에는 식초병 몇 개가 놓여있을 뿐이었다.

사람들은 인간답게 살고 싶어 수출입 금지품을 구했고 친구와 지인 등 개인 인맥에 기대었다. 이런 경향은 오늘날까지 이어져 폴란드에서는 개인 인맥 없이 사업을 할 수 없다.

【 공산주의의 몰락 】

1980년대 후반 경제 침체 속에 중앙 유럽과 동유럽에 정치 변화의 바람이 불면서, 폴란드 공산정권은 막을 내렸다. 야루젤스키 장군은 타협으로 혼란을 막고자 마지막 수단으로 레흐 바웬사를 비롯한 연대노조 대표단을 정부로 초청하고 여러 차례 원탁 회담을 열었다. 그 결과 연대노조는 정식 정치 단체로 국회의원 선거에 일정 비율로 후보를 낼 수 있게 되었다. 조합 후보가 선거마다 압승하자 정부는 상황이 심상치 않다는 사실을 깨달았다.

공산당원들은 가라앉는 배에서 뛰어내릴지 말지 결정해야 했다. 1989년 인기 언론인이자 연대노조 고문인 타데우시 마

조비에츠키가 과도 정부를 이끌며 이듬해 공개 대선을 감독했다. 대선에서 레흐 바웬사가 다시 한번 유권자들의 관심을 받으며 손쉽게 승리해 공산정권 이후 첫 폴란드 대통령으로 취임했다.

이후 정부가 긴축 재정을 시행하면서 폴란드인들은 힘겨운 시간을 보내야 했지만, 변화의 바람이 불고 있었고 폴란드인들은 더 나은 내일을 위해 오늘의 고통을 감내할 마음의 준비가 되어 있었다. 서유럽 대기업의 현지 법인 실립부터 자동차 트렁크에서 손수 재배한 농산물 판매까지 사업을 하는 사람 누구나 두려움 없이 앞으로 나아갔다.

【 유럽연합 회원국 】

공산주의 체제가 무너지고 15년, NATO에 가입한 지 5년 만인 2004년 5월, 폴란드는 유럽연합에 가입한다. 폴란드와 유럽연합의 사이가 아주 좋았다고 보기는 어렵다. 폴란드 정부는 종종 유럽연합법 위반으로 유럽연합과 갈등을 빚었기 때문이다. 주로 사법부와 언론에 미치는 정부 영향력이 문제였다. 2021년 폴란드 법원은 유럽연합법 일부를 위헌으로 판결한다. 유럽연합은 이를 유럽연합에 대한 '중대한 도전'으로 규정했다.

유럽연합을 회의적으로 바라보는 것은 정부만이 아니다. 아직은 적지만 점차 많은 폴란드인이 브렉시트와 같은 '폴렉시트(폴란드의 유럽연합 탈퇴-옮긴이)'를 바라고 있다.

【 현재 】

비관주의자들의 예상과 다르게 폴란드는 정치 위기를 겪고 유럽연합과 갈등을 빚으면서도 경제 성장과 안정을 이뤄냈다. 바르샤바는 점점 프랑크푸르트나 카나리워프와 비슷한 고층 건물이 들어서면서 금융허브로 떠올랐다.

그러나 성장에 따른 문제도 생겼다. 경제는 안정되었지만, 정치 양극화가 심해졌다. 특히 법과 정의당(프라보 이 스프라비에들리보시치 또는 PiS)은 이런 시류에 영합하면서 극단적 의견을 제시해 항상 논란을 불렀다. 특히 낙태 전면 금지와 같은 제안은 2020년, 2021년에 걸쳐 폴란드 전역에 대규모 거리 시위로 이어졌다.

폴란드는 2022년 2월 러시아에 침공당한 이웃 우크라이나를 힘껏 지원했다. 가장 많은 우크라이나 전쟁 난민을 수용한 국가는 단연 폴란드였다. 평범한 폴란드인들이 전국 각지에서 난민을 집으로 맞이했고 자원봉사에 참여했으며 삶의 터전을 잃은 이웃을 위해 성금과 구호품을 내놓았다. 러시아에 침략당한 과거를 기억하는 폴란드인은 우크라이나 전쟁 구호 활동에 누구보다 큰 목소리를 내었다.

민족 구성

오랫동안 폴란드는 독일인, 유대인, 러시아인, 벨라루스인, 우크라이나인과 같이 다양한 민족이 살던 나라였다. 저마다 폴란드 문화와 역사에 흔적을 남겼지만, 오늘날에는 소수민족이 많지 않다.

현재는 폴란드인이 전체 인구의 97%를 차지하며 그다음이 독일인이다. 350만 명이던 유대인들은 홀로코스트를 거치며 거의 사라졌다. 홀로코스트 생존자들은 이스라엘이나 미국으로 떠났다. 제2차 세계대전 후, 전후 합의로 국경이 바뀌면서 약 2백만 명의 독일인들이 폴란드 영토에서 추방되고 우크라이나인, 벨라루스인, 리투아니아인이 살던 폴란드 동쪽 변방은 소련 영토가 되었다. 같은 기간 약 3백만 명의 폴란드인이 소련에서 폴란드로 송환되었다.

인텔리겐치아

폴란드 민담에는 대지주 귀족의 전통이 자주 나타나며 후손들은 지금도 귀족 혈통에 커다란 긍지를 느낀다. 민담 속 귀족은 무일푼으로 서로 집을 오가며 집주인에게 융숭하게 대접받는 여유로운 모습으로 묘사된다. 그 반대편에는 농노가 있지만 그들의 삶은 민담 속에서 제대로 묘사된 적이 없다.

외세의 지배가 길어지자 지주들은 교육 수준이 높은 '인텔리겐치아(지식 계층-옮긴이)'로 탈바꿈했다. 그들은 폴란드 분할 때 문화와 정치 저항에 앞장섰고 자랑스러운 조국 독립의 꿈을 품고 19세기 파리 망명정부를 세웠다. 제1차 세계대전이 끝나고 폴란드가 독립하자 이들은 선조의 문화와 유산을 계승하며 폴란드를 이끌었다.

제2차 세계대전은 인텔리겐치아에게 재앙이었다. 소련과 독일은 이들을 강제 노동 수용소로 보내거나 처형해 폴란드에서 존경받는 지도자의 씨를 말리려 했다. 종전 후, 공산정권이 농촌의 노동자 계급 청년들을 공들여 교육했고, 새로운 인텔리겐치아가 등장했다. 그 안에는 사회주의를 지지한 이들도, 연대노조에 가입해 가혹한 정부 통제에 맞선 이들도 있었다. 정부에 맞선 이들은 앞선 인텔리겐치아가 그랬듯 서구 사회를 쫓되 전통에 뿌리내린 자주 국가를 꿈꿨다.

공산정권이 무너지고 인텔리겐치아는 다시 뿔뿔이 흩어진다. 과거 교육 수준이 높은 엘리트는 사회주의 체제에서 안정된 경제생활을 했다. 오늘날 많은 폴란드 지식인은 순수자본주의, 물질만능주의, 소비주의가 사회를 위기로 몰아넣고 있다며 실망한다. 국립대학 교수들은 서유럽에 비해 보잘것없는 월급을 받으며 폴란드의 인재들, 특히 과학사들은 서유럽과 북미로 빠져나가고 있다. 폴란드의 상류층은 조국이 그랬듯 위기를 겪을 때 오히려 가장 믿음직한 모습을 보이는 듯하다.

폴란드 도시

【 바르샤바 】

수도 바르샤바의 인구는 180만 명으로 폴란드에서 가장 많다. 폴란드의 수도는 1596년 크라쿠프에서 바르샤바로 바뀌었다. 바르샤바가 1569년 세워진 폴란드-리투아니아 왕립 공화국 영토의 중앙에 더 가까웠기 때문이다. 비스와강 주변에 자리한 바르샤바는 제2차 세계대전 후 바뀐 영토에서도 여전히 국토 중앙에 위치하며, 오늘날 폴란드의 상업중심지이다.

1944년 독일에 대항한 바르샤바 봉기가 실패로 돌아가자 독일은 도시의 역사적 유적들을 폐허로 만든다. 전후 대규모 복원사업을 공들여 추진해 아름다운 옛 시가지가 복구되었고 유네스코 문화유산에 등재되었다. 보석 같은 건축물이 즐비한 옛 시가지와 다르게, 도시의 나머지 부분은 19세기 양식 궁전, 공산당 시절의 촘촘한 주택, 하늘을 가득 메운 현대식 고층 건물들이 마구 섞여 있다.

바르샤바는 도시를 확장하고 있어 항상 공사 중이라는 농

・ 바르샤바의 채식주의자들 ・

폴란드 전통음식은 주로 고기 요리지만 폴란드 대도시에는 채식주의자를 위한 식당이 많다. 해피카우(채식주의자를 위한 식당 정보를 제공하는 사이트-옮긴이)에 따르면 바르샤바는 세계에서 여섯 번째 가는 채식주의자 친화 도시다. 채식주의자를 위한 스하보비(포크 커틀릿)나 케밥을 먹어본 적 있는지? 채식주의자를 위한 초밥이나 라면은? 모두 바르샤바에서 맛볼 수 있다!

아름답게 복구된 옛 시가지 성 광장

담도 있지만, '바르샤바인(바르샤바 시민을 가리키는 말-옮긴이)'이라
면 누구나 새로 단장한 도로와 기반 시설의 혜택을 누린다. 공
원, 레이저 분수 쇼, 도서관, 박물관, 과학 센터, 맛집 거리가
관광객과 시민을 유혹한다. 지하철 노선은 두 개로, 두 번째
노선은 여전히 공사 중이며 해마다 약 2백만 명의 시민들의 출
퇴근을 원활하게 돕는다. 1995년에 M1 노선이, 2015년에 M2
노선이 개통되었으며 유럽에서 가장 최근에 개통한 지하철에

바르샤바 중심에 자리한 소련 시절 과학과 문화의 전당과 이를 둘러싼 초고층 건물들

속한다.

[크라쿠프]

크라쿠프의 인구는 약 80만 명으로 폴란드에서 두 번째로 큰 도시다. 비스와강 주변에 자리하며 바르샤바 남쪽 약 300km, 타트리산맥 바로 북쪽에 위치한다.

크라쿠프의 역사는 7세기로 거슬러 올라간다. 서기 1000년 가톨릭교회가 들어섰고 1038년 피아스트 왕조의 수도가 되었다. 자주 침략에 시달렸지만 제2차 세계대전으로 폐허가 된 바르샤바에 비하면 도시 상태가 훨씬 양호하다. 폴란드의 '문화 수도' 크라쿠프는 역사 유적지, 박물관, 미술관이 즐비하다. 특히 바벨 성과 바벨 언덕은 폴란드에서도 가장 중요한 역사 문화 유적지다. 바벨 성은 오랜 세월 폴란드와 폴란드 왕들의 저항 정신을 상징했으며 이제는 폴란드에서 가장 중요한 박물관 중 하나다.

크라쿠프의 바벨 성과 대성당

1364년 세워진 야기에우워 대학교는 여전히 폴란드에서 가장 권위 있는 대학교다. 바르샤바 사람들은 크라쿠프 사람들이 콧대 높고 보수적이라고 여기지만 크라쿠프가 폴란드 전통 문화와 관습을 체험하기 좋은 장소인 것은 사실이다.

【 우치 】

우치는 얼마 전만 해도 폴란드에서 두 번째로 큰 도시였다. 인구는 67만 명으로, 바르샤바 남쪽 약 150km, 국토 중앙에 위치한다. 우치는 산업혁명으로 생긴 도시로 주로 유대인과 독일인이 운영하는 직물 산업을 기반으로 성장했다. 건축은 적벽 건물과 1970년대 난개발된 주택이 뒤섞여 있다. 우치는 '약속의 땅', '다문화 도시'라고 불리지만 다른 도시들처럼 경제 성장의 혜택을 입지 못한 채 바르샤바나 서유럽으로 인구가 빠져나갔다. 그러나 최근 젊은 예술가들 사이에서 다시 인기가 올랐다. 우치에는 크쥐시토프 키에슬로프스키, 안제이 바이다, 로만 폴란스키와 같은 감독을 배출한 국제영화학교가 있기 때문이다. 예술가를 비롯해 전 세계 예술 산업 종사자들이 수많은 전시회, 워크숍, 국제 교환 프로그램을 찾아 이 도시를 방문하면서 폴란드 예술의 중심지가 되고 있다. 우치는 세계에서 가장 큰 거리예술 중심지의 하나로, 예술가들이 벽화, 조각, 설치 미술, 그래피티, '거리의 보석'으로 도시경관을 풍요롭게 만들도록 지원한다.

【 브로츠와프 】

브로츠와프의 인구는 62만 3,000명으로, 위치는 오드라강 남동쪽, 수데티산맥과 체코 바로 북쪽이다. 독일어로 브레슬라우

브로츠와프의 피아섹섬(모래섬). 오드라강의 섬 가운데 하나다

라고도 하는 브로츠와프는 서부의 다른 도시들처럼 전후 합의로 폴란드 영토가 되었다. 제2차 세계대전 때 러시아가 독일 중심부를 향해 진군하는 과정에서 대부분이 파괴되었으나 지금은 거의 복구되었다. 폴란드인은 브로츠와프보다 크라쿠프를 마음의 고향으로 여기지만 브로츠와프의 장엄한 경관은 크라쿠프 못지않게 아름답다. 오늘날 폴란드 최고 대학 가운

• 난쟁이 도시 •

브로츠와프는 조그만 난쟁이 조각상이 줄잡아 350개 넘게 여기저기 숨겨져 있어, '난쟁이 도시'로도 유명하다. 이 별난 현상은 과거 폴란드 인민공화국 정부가 벽에 그린 문구를 검열하자 반공산주의 운동가들이 이를 풍자하며 시작되었다. 1982년 처음으로 반공산주의 운동가들은 정부의 붉은 '검열' 글씨 위에 난쟁이를 그렸다. 최근 브로츠와프는 이 보잘것없어 보이는 난쟁이를 도시의 마스코트로 삼고 기업, 단체, 심지어 개인까지 기금을 조성해 난쟁이 조각상을 세울 수 있도록 허가했다. 조각상마다 이름과 사연이 있으며 온라인에서 지도를 내려받아 그 위치를 찾아볼 수도 있고, 지도 없이 얼마나 많은 난쟁이 조각상이 숨어있는지 직접 찾아볼 수도 있다!

데 하나가 있으며 젊은 세대 문화가 살아 있다.

브로츠와프는 오랜 세월 여러 문화가 공존했으며 독일과 체코의 건축, 문화에 깊이 영향을 받았다. 최근에는 다국적 기업과 그 직원들이 유입되면서 도시가 한결 풍요로워졌다. 1990년대에 직물 공장과 탄광이 문을 닫자 실업률이 올라가고 지역 경제가 악화되었다. 이를 해결하고자 지자체가 특별 경제 구역과 경제 활동 지구를 브로츠와프 주변과 하부 실롱스크에 두어 기술, R&D 기업을 유치했다. 그 결과 브로츠와프의 경제가 눈에 띄게 나아졌다.

[그단스크]

그단스크는 10세기 이후 줄곧 전략요충지였으며, 발트해의 주요 해군 기지이자 국내 최대 무역항이었다. 인구는 47만 명으로 이웃한 소포트와 그디니아의 인구를 합하면 80만 명이 되는데, 이 세 도시를 한데 묶어 '트라이시티'라고 부른다. 주인이 여러 차례 바뀌면서도 도시국가의 지위를 지켰다. 상업과 군사 면에서 중요한 탓에 많은 전투가 벌어졌다. 폴란드를 끈질기게 괴롭히던 튜턴 기사단이 가톨릭국가를 세우면서 1308년부터 1454년까지 이들의 지배를 받았다. 1410년 그룬발트 전

그단스크의 해안지대에 있는 유서 깊은 크레인 게이트

투로 튜턴 기사단을 향한 적개심이 극에 달했다. 이 전투는 훗날 노벨상 수상자 헨리크 시엔키에비치 소설 『십자가의 기사들』에 배경으로 등장한다. 지배 세력이 자주 바뀌어서 옛 시가지에는 폴란드와 독일 양식 건축이 뒤섞여 있다.

그단스크는 1939년 9월 1일 제2차 세계대전이 시작된 장소이자 1970년 12월 폴란드 공산주의 지도자 브와디스와프 고무우카를 무너뜨린 반정부 시위의 현장이기도 하다. 반정부

시위 10년 뒤 그단스크 조선소에서 연대노조 운동이 일어나 1989년 공산정권을 무너뜨리는 데 한몫하기도 했다. 그단스크는 여전히 폴란드의 주요 항구이자 산업 도시이며, 문화의 역사적 현장이다.

[포즈난]

인구는 52만 9,000명이며 위치는 폴란드 서부, 바르타강 주변이다. 적어도 9세기부터 존재했으며 10세기 무렵 폴란드 왕 최초로 가톨릭으로 개종한 미에슈코 1세의 고향이기도 하다. 중요한 교역로 두 개가 만나는 위치여서 많은 혜택을 누렸다.

포즈난의 황금기는 16세기부터였다. 원래도 부유했으나 이때부터 유럽을 통틀어 교육의 중심지가 되었다. 대학과 출판사가 새로 생기면서 인구가 두 배로 늘었다. 그러나 1703년 스웨덴 전쟁을 시작으로 숱한 전쟁을 거치면서 프로이센에 지배당했다. 이후로 줄곧 쇠락했으며 제2차 세계대전을 겪으면서 도시가 절반 이상 파괴되었다.

종전 후 포즈난은 산업화에 몰두해 부활했으며 교육과 산업의 도시라는 옛 명성을 되찾았다. 오늘날에도 포즈난은 계속 변화하고 있으며 이른바 '친 시민' 정책과 '열린 도시'를 내

세우며 관광 산업에서 뚜렷한 성장세를 보인다. 대표 건축물로 옛 시장 광장에 자리한 르네상스 양식 건물들과 시청이 있다. 특히 시청에는 아름다운 시계가 있어 매일 정오가 되면 기계 염소 두 마리가 서로 머리를 부딪쳐 시간을 알린다. 또 관광객이 좋아하는 지역 특산품으로 하얀 양귀비씨를 채운 성 마틴 크루아상(로갈 시피엥토마르친스키)이 유명하다.

【 두 수도 이야기 】

크라쿠프 토박이들은 바르샤바를 '큰 시골'이라고 부른다. 그들은 정신없이 바쁜 바르샤바의 삶이 느긋하고 품위 있는 크라쿠프의 삶보다 못하다고 여긴다. 반대로 바르샤바 사람들은 크라쿠프에 딱히 안 좋은 감정이 없다. 그들은 크라쿠프가 훨씬 아름답고 유서 깊은 도시라는 점을 군말 없이 인정하면서도 사업이나 취업하기 괜찮은 곳은 아니라고 생각한다.

이런 고정관념은 얼마간 사실에 뿌리를 두고 있다. 우선 실제로 바르샤바는 때때로 시골 마을처럼 느껴진다. 제2차 세계 대전을 겪으며 바르샤바는 유령 도시나 다름없게 텅 비어 버렸고 정부는 주변 시골에 살던 사람들을 도시 안으로 들였다. 이렇게 새로 유입된 노동력은 도시 재건과 여기저기 생겨나는 공장에 투입되었다. 오늘날에도 바르샤바에서 나고 자란 토박이를 찾아보기란 쉽지 않다. 최근 수십 년 동안은 대학에 들어가거나 일자리를 찾는 젊은이들이 바르샤바로 몰려들었다. 이들은 급여가 적거나 근무 시간이 길어도 쉽게 받아들이는 편이어서 기업들도 선호한다.

한편 크라쿠프 사람들은 1596년 지그문트 3세가 수도를 바르샤바로 옮겨버리는 바람에 여전히 제자리를 빼앗겼다고 느낀다. 크라쿠프는 급격히 성장한 바르샤바에 비하면 분명 뒤처진 데다 외국인 투자도 드문 상황이다. 급여 수준도 훨씬 낮은데 그만큼 생활비가 적게 들기는 한다. 그러나 폴란드의 문화 수도는 크라쿠프다. 보물 개수만 해도 여느 도시 대비 월등히 많다. 크라쿠프의 옛 시가지를 둘러보면 알 수 있듯이, 관광객

• '유리병들' •

바르샤바 토박이들은 시골 출신들을 썩 달가워하지 않는다. 이들이 명절이나 연휴를 맞아 고향에 다녀오면서 이모, 엄마, 할머니가 챙겨준 맛난 음식을 병에 담아 오는 모습을 두고 '유리병들'이라고 놀리기도 한다.

이 늘어 이득을 보는 것은 바르샤바가 아닌 크라쿠프다. 게다가 사람들로 북적이는 바르샤바의 술집보다는 화창한 오후에 마주친 크라쿠프 중앙 광장의 노천카페가 반짝인다.

정부와 정치

1991년 10월 27일 첫 자유선거를 치른 폴란드 공화국은 유럽 연합 국가들과 비슷한 의회민주제를 채택했다. 현재 정부와 대통령제의 운영방식은 1997년 10월 제정된 부활절 헌법에 기초한다.

〔대통령제〕

새 헌법은 대통령 역할을 축소하면서도 몇몇 행정 권한들은 그대로 두었다. 대통령은 군 최고 통수권자로 군 장성과 외교관 임명을 좌우하며 모든 법안에 거부권을 행사한다. 단, 국회 5분의 3 이상이 찬성하면 거부권은 기각된다.

대통령제 시행 후 연대노조 대표였던 레흐 바웬사가 자유선거로 첫 대통령에 당선되었다. 하지만 공산당에 맞서 싸울

때와 다르게 직무를 잘 수행하지 못해 금세 인기가 떨어졌다. 1995년 바웬사는 알렉산데르 크바시니에프스키에게 근소한 차이로 패배하더니, 5년 후 선거에서는 득표율 1.43%에 그쳐 굴욕을 당했다. 많은 폴란드인이 여전히 바웬사를 좋아하고 고맙게 여기지만 공산정권이 무너지고 새로운 시대가 왔으니 이제 그가 미련을 버리고 권력 다툼에서 물러나기를 바란다. 크바시니에프스키 대통령은 집권 10년 동안 1999년 NATO 가입, 2004년 유럽연합 가입을 통해 NATO, 유럽연합과 사이를 돈독히 하려 애썼다.

크바시니에프스키 대통령이 물러나자 말 많던 극우 정당인 법과 정의당(Pis) 대표 레흐 카친스키가 대통령이 되었다. 그는 단호한 반공주의자로 폴란드의 가톨릭 전통을 되살리겠다고 공약했다. 대통령 당선 전, 바르샤바 시장 시절 동성애자 축제를 금지하고 젊은 우파들의 '정상인 축제'를 허가하기도 했다.

2010년, 카친스키 대통령과 영부인, 군 장성들이 함께 탄 러시아 항공기 투폴레프가 러시아 공군기지 스모렌스크 방향으로 향하던 도중 추락해 대통령 내외를 비롯해 탑승자 전원이 사망했다. 소련이 폴란드 장교 2만여 명을 살해한 카틴 대학살 70주년 기념행사 일정이었던 탓에 많은 의혹이 불거졌다.

카친스키 지지자들은 비록 증거는 없지만, 러시아가 비행기를 격추했다는 음모론을 여전히 믿는다.

레흐 카친스키 대통령의 쌍둥이 형제인 야로스와프는 2003년부터 법과 정의당 당 대표를 지냈고 2006년과 2007년에는 국무총리직을 수행했다. 2010년 카친스키 대통령이 서거하자 국회 대변인인 시민연단당 소속 브로니스와프 코모로프스키가 석 달 동안 국가원수를 대행했고 이후 대선에서 야로스와프 카친스키를 누르고 당선되어 차기 좌파 대통령이 되었다.

2015년에는 카친스키가 이끄는 법과 정의당 소속 의원 안제이 두다가 대선에서 승리하고 국회 다수당까지 차지했다. 야로스와프 카친스키는 2007년 국무총리 퇴임 후에도 여전히 폴란드에서 가장 힘 있는 정치인으로 손꼽힌다. 그의 정치적 이상은 서유럽을 닮은 지금의 다문화 폴란드가 아니라 로마 가톨릭을 따르던 과거의 보수적 폴란드이다. 그는 서구 자유주의가 폴란드와 폴란드 문화를 위협하고 있다고 믿으며, 유럽연합에도 부정적이다. 유럽연합 가입과 디지털 시설 발전에서 소외된 노년층, 빈곤층이 그의 보수적 가치와 반서구적 입장을 지지한다.

정당에 가입하지 않는 일이 점차 당연해지고 있다. 폴란드 인들은 개혁 과정에 실망했고 1990년대와 2000년대 초 뜨거웠던 정치 열정은 무관심과 회의로 바뀌었다. 폴란드 청년들은 두 거대 정당에 신뢰를 잃었고 급진 정당이 힘을 얻는 모습을 보면서 아무도 자신들의 마음을 대변하지 못하며 기존 체계를 바꿀 수 없다고 느낀다.

【 국회 】

폴란드 국회는 양원제다. '세임'이라고 부르는 하원은 비례대표 원칙으로 460명의 의원을, 상원은 다수 득표 원칙으로 100명의 의원을 선출한다. 대통령 임기가 5년인 것과 다르게 상 하원 의원 모두 임기가 4년이다. 하원에서 대표성 확보를 위한 최소 득표율은 단독 정당은 5%, 다당 연합은 8%이다. 독일인처럼 소수자 대표는 최소 득표율 규정을 적용받지 않는다.

대통령과 다르게 국무총리는 자주 교체되었다. 정당도 비슷했다. 정당이든 연합이든 변화가 심했지만 정작 사람은 크게 바뀌지 않았다.

유럽연합 속 폴란드

폴란드인은 유럽연합과 하나가 되는 과정을 오래 겪으면서 차츰 유럽 속 폴란드의 위치에 여러 감정과 불안을 느꼈다. 그들은 유럽연합이 결성되기 훨씬 전부터 자신들을 유럽에 속한다고 여겼다. 좋든 싫든 역사적으로 서유럽과 이어져 있다고 생각했다. 서유럽인은 자연스럽게 서유럽의 경계를 독일과 폴란드 사이로 생각했지만, 폴란드인은 벨라루스, 우크라이나와 맞닿은 폴란드 동쪽 국경을 경계로 생각했다.

폴란드인은 유럽연합 회원을 당연한 권리로 받아들였지만, 당황스럽게도 유럽연합 창립회원국과 본부는 이를 폴란드에 주는 특권으로 여겼다. 이런 시각이 서유럽에 뿌리 깊게 박혀 있는 탓에 폴란드인은 '서유럽'이 이래라저래라할 때마다 아주 못마땅하게 여긴다. 2004년 폴란드가 유럽연합에 가입한 이래로 폴란드와 유럽연합의 사이는 점점 멀어졌다. 유럽연합 회원국들은 차츰 폴란드를 유럽연합에 꼭 필요한 나라로 여기고 있지만, 폴란드는 경제가 꾸준히 성장해 자신감이 생겼을 법한데도 서유럽을 향한 열등감을 여전히 떨쳐버리지 못하고 있다.

하지만 반유럽연합 감정과 별개로 폴란드인은 여전히 유럽연합 존속을 지지한다. 폴란드는 유럽연합에서 가장 큰 자금 혜택을 받은 나라로 손꼽히며, 대중교통, 고속도로 등에 170억 유로를 투자받아 국토 전체를 새로 개발하고 있기 때문이다.

2014년 법과 정의당이 집권하자 유럽위원회는 첫 '법치주의' 평가서를 펴내며 폴란드 사법부와 사법개혁, 공영 언론법을 비판했다. 유럽사법재판소는 2021년 10월 대법원 징계위원회를 중단하라는 명령을 위반한 혐의로 폴란드에 하루 1백만 유로 벌금을 선고한다. 이것은 현재 유럽연합 회원국에 부과된 벌금 가운데 최고액이다.

【 유럽연합 이후의 이민 】

다행히 폴란드가 유럽연합에 가입한 시기는 세계금융위기로 새 회원국 간에 자유로운 이동이 금지되기 전이었다. 공식 기록은 없지만 2004년 유럽연합 가입 후 2백만 명에 가까운 폴란드인이 외국으로 떠났다. 그 가운데 절반은 영국으로 향했다. 이민자들은 주로 청년들로 외국어를 구사하고 대학도 나왔으나 해외에서 얻은 일자리는 변변찮았다. 의료 인력, 엔지니어, IT전문가처럼 교육 수준이 높고 전문기술을 지닌 폴란드인도 외국으로 떠났다. 폴란드는 젊은 전문가들이 외국으로 빠져나가면서 타격을 받고 있다. 폴란드인 대부분이 '서유럽'에서 일하는 가까운 친구나 가족을 둔 상황이다.

02

가치관과 사고방식

오랜 세월 폴란드 문화는 다양한 요소에 영향을 받았다. 존재감이 뚜렷한 가톨릭교회, 면면히 이어온 자랑스러운 귀족, 교육과 무역의 중심지, 쉴 새 없이 바뀐 국경, 숱한 전쟁, 폴란드를 점령한 나라들, 공산주의까지 저마다 폴란드 문화에 흔적을 남겼다.

오랜 세월 폴란드 문화는 다양한 요소에 영향을 받았다. 존재감이 뚜렷한 가톨릭교회, 면면히 이어온 자랑스러운 귀족, 교육과 무역의 중심지, 쉴 새 없이 바뀐 국경, 숱한 전쟁, 폴란드를 점령한 나라들, 공산주의까지 저마다 폴란드 문화에 흔적을 남겼다.

폴란드의 가톨릭

공산정권 시절을 통틀어 정부의 감시 밖에 있던 거대 조직은 가톨릭교회뿐이었다. 학생 대부분이 가톨릭교회가 따로 만든 종교 수업에 참여했다. 차츰 교회를 다니는 것은 정부에 반기를 든다는 의미가 되었다. 이 의미가 처음 밖으로 드러난 때가 1979년 요한 바오로 2세가 처음 조국을 방문해 집전한 바르샤바 야외 미사에서 수십만 명이 운집하면서였다. 요한 바오로 2세는 확고한 반공주의자로 연대노동조합에 깊이 공감했다. 동시에 조합은 차츰 가톨릭교회의 보수적 가치를 추구하기 시작했다.

　폴란드를 찾은 서유럽인은 오늘날 폴란드인의 일상에서 가

1979년 교황 요한 바오로 2세를 향한 열띤 환호

톨릭교회가 차지하는 위상에 놀랄지도 모른다. 게다가 교회의 인기는 나이, 학력, 경제력과 상관없이 모든 계층을 아우르며 평일과 일요일 아침이면 교회를 찾는 사람이 많다. 심지어 미사에 참여하지 않는 사람도 가톨릭교회 문화에는 깊이 공감한다.

그러나 최근, 특히 젊은 세대 사이에서 가톨릭교회의 인기가 식고 있다. 학부모는 아이를 종교 수업에 보내지 않고 젊은 세대는 교회를 나가지 않으며, 신학교 지원자가 감소하는 바람에 교황청은 신학교를 스무 개 가까이 폐쇄해야 했다.

로고프 마을의 추수감사절 축제인 도진키 기간의 미사

여전히 신앙을 지키면서도 교회와는 거리를 두는 젊은이가 많다. 그들은 교회가 특정 정당과 정치적으로 얽히는 모습에 실망한 것이다. 가톨릭교회는 지극히 보수적 가치를 고집하면서 변화를 거부하고 있다. 교회가 피임과 낙태에 반대하며, 사제 아동 성추행 문제에 모르쇠로 일관하는 태도가 그 예다.

코로나바이러스가 한창이던 2020년과 2021년, 집권 여당인 법과 정의당이 낙태 전면 금지에 가까운 법안을 발의하자 대규모 '여성 시위'가 일어난다. 폴란드인 대부분이 법안을 반대했음에도 로마가톨릭교회가 이를 반기자, 교회가 정치에 간

섭한다는 역풍이 불었다. 여성 시위가 국제 언론 일 면 기사를 장식했으며 이는 1989년 이래 가장 큰 반정부 시위였다.

폴란드에서 종교와 문화는 서로 얽히고설켜 있어서 딱 잘라 구분하기가 쉽지 않다. 언뜻 종교적 확신에서 우러나온 듯한 행동도 알고 보면 단지 평범한 문화 규범에서 비롯하기도 한다. 종교 기념일이 완벽한 예시다. 부활절과 크리스마스가 되면 거리는 텅 비고 교회는 사람으로 가득하지만, 미사를 마치면 모두 가정으로 돌아가 보드카 몇 잔을 곁들이며 전통 가정요리를 먹는다. 기념행사를 참가한 사람들이 털어놓듯이 그들은 독실한 신자가 아니다. 독실한 신자들은 가톨릭문화가

곧 폴란드 문화라고 주장하지만 젊은 세대는 생각이 많이 다르다. 오늘날 폴란드인 대부분이 가족 모임과 크리스마스, 부활절 행사를 즐기면서도 교회에 가지 않으며 이런 날들을 긴 연휴를 즐기며 가족을 만나는 기회 정도로 여긴다.

자부심과 애국심

폴란드는 다른 나라보다 많은 전쟁과 외세의 지배를 겪었다. 역경을 딛고 오늘날 폴란드가 이룬 성취, 즉 나날이 번창하는 서유럽식 현대 경제는 폴란드인의 자랑이다. 그러나 자국을 향한 폴란드인의 태도는 단순하지 않아서 외국인 눈에는 모순으로 비치기도 한다. 폴란드인은 제 나라를 마치 영국인처럼 비웃고 놀리면서도 동시에 미국인처럼 보란 듯이 자랑스러워한다.

공산정권 시절 국가 운영에 실패한 정부와 정치인은 흔한 조롱거리지만 폴란드라는 나라만큼은 신성하게 여겨 비판하거나 웃음거리로 삼지 않는다. 따라서 설령 폴란드인이 자국의 처지나 폴란드인의 특징을 두고 웃더라도 외국인은 그럴 수 없

5월 3일 제헌절을 맞아 국기를 거는 모습

다. 폴란드인은 폴란드에 대한 외국인의 의견에 극히 예민하기 때문이다. 폴란드에서는 제헌절이나 독립기념일을 맞아 가정과 상점 창문 옆에 폴란드 국기가 펄럭이는 광경을 쉽게 볼 수 있으며, 스포츠 경기나 공식 행사 자리에서 사람들이 입만 뻥긋대지 않고 실제로 국가를 열창하는 모습도 자주 보인다.

최근에는 국수주의 우파가 11월 11일 폴란드 독립기념일 축하 행사를 장악해 이민자나 성소수자 권리를 두고 편향된 견해를 외치며 거리를 행진하기도 한다.

스포츠에서 세계적 명성과 성공을 거머쥔 폴란드인은 누구든지 폴란드에서 사랑받는다. 비교적 알려지지 않은 스포츠라 해도 폴란드인이 세계 최고 선수가 되면 그 즉시 온 국민의 관심이 쏟아진다. 이런 사례는 많다. 스키 점프 선수 아담 마위시, 포뮬러원 드라이버 로버트 쿠비카, 사이클 선수 미하우 크비아트코프스키, 세계 챔피언에 오른 남녀 발리볼팀 선수들. 최근에 떠오른 스포츠 스타로는 바르셀로나팀의 스트라이커 로베르트 레반도프스키와 2022년 여자 테니스 연맹 랭킹 1위를 차지한 이가 시비옹테크가 있다.

폴란드인은 역사 속 위인도 사랑한다. 미코와이 코페르니크(니콜라우스 코페르니쿠스 – 옮긴이), 마리아 스크워도프스카 퀴리, 요한 바오로 2세, 아담 미츠키에비치, 프리데리크 쇼팽 등이 있다.

규칙을 대하는 태도. 거기 누구 있나요?

독일인을 떠올리면 차가 한 대도 없는 숲속에서 좌회전할 때 조차 방향지시등을 켤 것 같다. 하지만 폴란드인은 도심 한가운데에서도 눈앞에 다른 차가 안 보이면 절대 방향지시등을 켜지 않을 것이다. 모두 쌩쌩 달릴 때, 한 사람이 규칙을 지키면 바로 그 사람 때문에 모두 느리게 가야 하기 때문이다.

폴란드에서 규칙은 신성하지 않으며, 상황에 따라 바꾸고 새로 만들 수 있는 것이다. 외국인이 보기에 규칙을 대하는 폴란드인의 태도는 순응과 저항이 뒤섞인 모순덩어리에 가깝다. 이 모순된 태도는 공산정권 시절 생존법이다. 규제를 어기지 않고서는 수입 청바지처럼 인기 품목이나 배급받기 어려운 음식, 술 따위를 구하기가 너무 어려웠기 때문이다. 하지만 규제들, 특히 정치 규제는 건드릴 수도, 바꿀 수도 없었다. 반대로 뒤탈이 없을 때는 얼마든지 규칙을 어기거나 바꾸었다.

이 '게임의 규칙'에 익숙하지 않은 외국인은 몹시 혼란스러울 것이다. 예를 들어 폴란드 직장인은 내용과 목적을 자세히 알려준 규칙보다 사후 감독도 없는 무심히 나열한 규제를 더 성실히 따르곤 한다.

오늘날 규칙을 경시하는 태도를 불편해하는 폴란드인이 많다. 이런 태도는 개인에게 자유를 주는 듯 보여도 사실 특정 장소나 상황에서 올바른 행동 규범이 사라지고 공공시설이나 장소를 함부로 다루는 결과를 낳고 있기 때문이다. 공산정권 시절 폴란드인은 공공시설을 두고 '모두의 것이니 누구의 것도

> ・ **콤비노바치** ・
>
> 폴란드에는 규칙을 바꾸거나 무시해서 물건이나 서비스를 받는 것을 뽐내는, '콤비노바치'라는 말이 있다. 흔히 합치다, 해내다로 번역되는데 공식 허가서 없이는 아무 일도 안 되고 아무것도 못 구하던 공산정권 시절에 생긴 말이다. 세상은 바뀌었지만, 태도는 조금 남아서, 오늘날 여럿이 힘을 모으거나 규칙을 세우기보다 머리를 써서 지름길이나 기발한 방법을 알아내는 의미로 쓰인다.

아니다'라고 말하며 쓰레기를 줍지 않거나 공공시설을 훼손하는 사람을 보아도 문제라고 느끼지 않았다. 외국을 경험한 많은 폴란드인이 폴란드가 일본이나 스위스처럼 더 질서 있는 나라가 되기를 바라지만 변화는 아직 더디다.

뇌물과 부패

과거에는 뇌물만 주면 지독한 규제도 피했다. 여전히 일간 신문에 정부와 기업 고위직의 부정부패 기사가 넘치지만, 이제는 용인되지 않으며 차츰 감소하는 추세다. 부정부패를 파헤치는 것은 바람직한 변화다. 여전히 일상에서 뇌물을 주거나 '선물'을 건네는 일은 흔하지만, 그 절차를 온전히 이해하기 어렵고 잘못 선물을 건네다가 낭패를 당할 수 있으므로 외국인은 시도하지 않는 것이 좋다. 하지만 사실 대부분 선물은 뇌물에 가깝다. 이제는 서비스 제공을 당연한 업무라고 생각해 작은 선물조차 하지 않는 사람이 많다. 대부분 기업과 대학은 괴롭힘, 부정부패, 불공정 대우가 일어나는 것을 예방하고자 문을 닫지 않고 회의하는, 이른바 열린 문 정책을 도입했다.

기사도일까, 성차별일까?

서구 사회만큼 정치적 올바름이 자리 잡지 않은 탓에 폴란드 방문은 신선한 체험이 되기도 하고, 난감한 경험이 되기도 한다. 그 차이는 나이 든 남성이 여성을 대하는 태도에서 뚜렷이 드러날 듯하다. 겉보기에 폴란드 남성은 완벽한 신사다. 그들은 여성과 걸을 때 차도 쪽에 서고 여성을 위해 문을 잡아주며 버스나 지하철 자리를 양보한다.

직장을 다니는 여성이 많고 특히 의료나 법률 분야에는 성공한 여성도 많지만, 대기업 여성 경영진은 드물다. 폴란드 기업에는 아직 유리천장이 존재해서 여성이 승진하는 데 걸림돌로 작용한다. 더욱이 이제 갓 결혼한 젊은 여성이라면 유급 출산 휴가를 주기 싫어하는 기업에서 일자리를 구하기 어려울 수도 있다. 엄밀히 말하면 이런 차별은 불법이지만 실제로는 차별을 겪더라도, 특히 중소기업이라면 여성이 할 수 있는 일은 거의 없다. 국영 기업이나 다국적 기업은 차별금지 정책을 도입해 엄마 아빠 누구든지 육아 휴직을 보장하고 일과 삶의 균형을 찾도록 돕고 있다.

　　여기에도 세대 차이가 있다. 젊은 세대는 여성을 대하는 태도가 훨씬 더 진보적이며 여성도 난감하거나 거북한 일을 겪지 않을 때가 많다. 최근 폴란드는 지속가능발전목표^{SDG} 성평등 지수에서 세계 30위를 기록해 아직 갈 길이 멀어 보인다.

돈을 대하는 태도

서유럽과 폴란드는 돈을 대하는 태도가 비슷하지만 몇 가지

다른 점도 있다. 우선 누가 급여를 받든 새 컴퓨터를 사든 '얼마인지' 묻지 말자. 아직은 폴란드가 서유럽보다 급여도 낮고 물가가 저렴하기 때문이다.

그리고 오랫동안 수입 제품을 살 수 없던 폴란드인들은 급여를 받으면 새 자동차, 전자 기기, 디자이너 의류를 구매한다. 바르샤바를 찾은 여행자는 거리에 고급 차량이 많아 놀랄 수도 있다. 기업 임원은 누구나 지위에 걸맞은 차를 타려 한다. 게다가 자기 지위를 보여주는 차를 가진 사람은 자랑하느라 바쁘고, 아직 차가 없는 사람은 차를 사지 못한 이유와 향후 구매 계획을 늘어놓는다.

폴란드 물가는 점점 올라 서유럽과 비슷해지고 있지만, 급여는 현저히 낮다. 저임금 고물가는 차츰 사회문제가 되고 있고 이를 지적하는 목소리가 높아지고 있다.

외국인을 대하는 태도

공산정권 이후 눈에 띄는 변화의 하나로 주로 대도시에서 관광객, 외국인 학생, 외국인 거주자가 늘고 있다. 단지 외국인이라고 관심을 보이는 현지인은 이제 없지만, 아직 작은 도시나 시골에서는 외국어를 하는 여행자가 관심을 끄는 편이다. 대체로 폴란드인은 외국인에게 따스하게 대한다.

하지만 여행자가 어디서 왔는지에 따라 따스한 정도는 다르다. '서구인'이라면, 게다가 영어 원어민이라면 운이 좋은 편이다. 영어는 어디에서나 통하며 젊은 세대는 조금이라도 영어를 하기 마련이다. 그리고 폴란드인은 영국인과 미국인에게 호감을 지닌 편이며, 호주인, 캐나다인, 뉴질랜드인에게도 관심이 많다. 실제로 암울했던 공산정권 시절 폴란드에서 캐나다는 낙원이라는 의미로 쓰였다.

정반대에 있는 사람들이 옛 소련에서 온 여행자다. 이는 폴란드와 러시아 사이의 불운한 역사 때문이다. 최근 폴란드는 많은 인재가 서유럽으로 빠져나갔고 동유럽과 중앙아시아에서 이민자가 쏟아졌다. 운전사, 간호사, 가게 점원으로 일하는 카자흐인, 벨라루스인, 우크라이나인을 흔히 볼 수 있다.

최근 러시아와 주변국, 특히 우크라이나와 긴장이 고조되면서 폴란드인은 이런 주변국에 더 끈끈함을 느끼고 있다. 여전히 옛 소련 땅에 사는 폴란드인이 많으며 이는 주로 제2차 세계대전 당시 스탈린이 시행한 소수민족 이주 정책의 결과다.

2022년 여성과 아이가 대부분인 우크라이나 난민 6백여만 명이 폴란드 국경을 통과해 무상 교육, 의료, 복지 혜택과 함께 한시적이지만 대중교통 무료 이용 혜택을 받았다. 정부 지원에 더해 평범한 시민들이 앞다투어 음식, 의류, 성금을 모아 우크라이나 난민을 도왔으며 자기 집에서 숙박을 제공하기도 했다.

인종차별과 동성애 혐오

다행히 최근 인종차별이 눈에 띄게 줄었다. 인종 간 결혼이 흔해지고 학교에도 혼혈 가정 학생이 늘어나는 추세다.

하지만 인종차별이 점차 사라지는 한편, 동성애 혐오는 만연하다. 성소수자는 여전히 차별당하고 비난받으며 이는 공영 방송에서 더 심하다. 폴란드에서 동성 결혼은 불법이며 성소수자는 정체성을 드러내기 힘들다.

2022년 평등을 외치는 크라쿠프 동성애자 축제 현장

세대 차이

세대마다 태도나 가치관이 다른 것은 당연하다. 하지만 중앙
유럽과 동유럽의 옛 공산정권 국가들은 사정이 조금 다르다.
많은 폴란드인이 1989년 공산정권이 무너지며 일어난 경제 변
화의 과실을 누렸지만 나이 든 세대는 그렇지 못했다.

폴란드의 기업 관리자나 대표자는 서유럽에 비해 훨씬 젊
은 편이다. 회사는 공산정권 시절의 업무 방법이 익숙한 나이

든 관리자를 데리고 있기보다 젊은 사람을 새로 가르치는 편이 수월하기 때문이다. 따라서 젊은 전문가는 경험은 많지만 나이 든 사람보다 기회가 많고 경제 사정도 낫다.

가톨릭에 뿌리를 둔 부모 세대가 보수적인 데 반해, 교육을 많이 받은 젊은 세대는 열려 있고 진보적이다. 부모 세대는 전통 생활방식을 고수하지만, 젊은 세대는 새로운 패션과 유행을 쉽게 받아들인다. 도시의 젊은 세대는 술집, 카페, 식당을 즐겨 찾으며 나이 든 세대는 주로 집에서 시간을 보낸다.

도시와 농촌의 격차

공산정권 붕괴 후 많은 도시가 되살아나고 성장했지만, 소도시나 농촌은 고통을 겪었다. 외국 자본은 바르샤바, 크라쿠프, 포즈난 같은 대도시로 몰렸다. 농촌은 거의 투자를 받지 못한 채 경제 변화라는 직격탄을 맞았다.

폴란드는 1940년대와 50년대에 걸쳐 대규모 도시화를 진행했지만, 여전히 농업종사자가 2백만 명을 넘는다. 유럽연합의 공동농업정책CAP에 따라 매년 20억 유로가 넘는 돈이 폴란드

농업 분야로 들어가면서 농촌의 경제 상황은 두드러지게 나아졌다. 유럽연합의 보조금으로 농촌 상황이 개선되긴 했지만 가장 큰 문제로 꼽히는 저임금, 교육과 의료 서비스 접근성, 낮은 삶의 만족도는 해결되지 않았다.

[폴란드의 농촌]

폴란드 농가는 부모에게 물려받은 땅을 형제끼리 나누어 가지면서 오늘날처럼 아담한 크기로 바뀌었다. 그래서 비행기를 타고 독일에서 폴란드 상공으로 넘어가면 대규모 경작지가 사라지고 폴란드 농촌 특유의 정돈 안 된 작은 농경지가 나타나는 것이다. 과거 토지를 국유화한 공산정권 시절에는 작은 논밭이 농사에 유리했지만, 오늘날 기술이 뛰어난 서유럽의 대규모 음식 산업과 경쟁할 때는 오히려 불리하다. 하지만 더디긴 해도 유럽연합의 지원과 기술 발전, 이촌향도 현상 등으로 농업의 효율성이 오르면서 폴란드 농업은 바뀌고 있다.

공산주의의 유산

지난 40년 동안 공산주의가 폴란드의 가치와 태도에 미친 영향은 아직 남아있으며 이는 공산주의 세대뿐 아니라 젊은 세대에서도 나타난다.

먼저 가장 크게 영향을 미친 분야는 업무 윤리일 것이다. 폴란드인 대부분은 공산주의 선전을 믿지 않았고 따라서 국가를 위해 일하는 것은 부당한 권력을 위해 일한다는 뜻이었다. 이렇듯 '지배자와 피지배자'를 가르는 분위기가 생겨나면서 맡은 일을 성실히 하는 것을, 특히 여유 인력이 많은 상황에서는 옳지 않은 행동으로 여기기 시작했다. 사무실 비품을 훔치는 일도 흔해서, '국가 재산이 모두의 것이라면, 내가 가져가도 괜찮지 않을까'하고 생각하기도 한다.

공산주의의 또 다른 유산은 권위를 대하는 태도다. 경찰관부터 기관사까지, 권위를 가진 사람은 누구나 의심의 눈초리를 받았고 '정부의 통제를 피하는' 정교한 기술이 발달했다. 조금씩 바뀌고 있지만, 권위를 대하는 부정적 태도는 여전하며 폴란드에서 일하는 외국인은 종종 권위에 맞서는 태도를 경험한다.

03

관습과 전통

폴란드인만큼 기념일에 열광하는 민족은 많지 않다. 폴란드인은 국경일, 종교 행사는 물론 결혼식이나 영명 축일도 기념한다. 더욱이 폴란드에서 전통 가톨릭 기념일을 기리는 관습과 방식에는 이교도 요소가 강해서 독특한 분위기를 자아낸다.

폴란드인만큼 기념일에 열광하는 민족은 많지 않다. 폴란드인은 국경일, 종교 행사는 물론 결혼식이나 영명 축일(가톨릭 신자가 자신과 세례명이 같은 성인이 선종한 날을 기념하는 날-옮긴이)도 기념한다. 더욱이 폴란드에서 전통 가톨릭 기념일을 기리는 관습과 방식에는 이교도 요소가 강해서 독특한 분위기를 자아낸다.

공산정권 시절에는 술집이나 식당처럼 기념할 만한 장소가 거의 없어서 자연스레 집에서 잔치를 벌였다. 이것은 폴란드 귀족의 오랜 전통으로 손님을 극진히 대접하는 뜻에서 잔치를

공휴일	
1월 1일	설날
1월 6일	예수 공현 축일(주현절)
3월, 4월(해마다 바뀜)	부활절 일요일과 월요일
5월 1일	노동절
5월 3일	제헌절
6월(해마다 바뀜)	성체 축일
8월 15일	성모 승천 대축일, 국군의 날
11월 1일	모든 성인 대축일
11월 11일	독립기념일
12월 25일	크리스마스
12월 26일	박싱데이

여는 것이다. 폴란드에는 '집에 온 손님은 신이다'라는 속담이 있으며 이제는 식당과 술집이 부족하지 않지만, 여전히 집에서 기념일을 맞는다. 공휴일이나 특별한 날을 맞아 폴란드 가정에 초대받는다면 분명 융숭한 대접을 받을 것이며 잔치가 밤늦도록 이어질 테니 마음을 단단히 먹어야 한다.

휴일과 행사

[사육제]

바르샤바와 크라쿠프의 사육제(사순절 시작 전 3~7일에 걸쳐 하는 축제 - 옮긴이)는 리우데자네이루나 베네치아만큼 화려하진 않아도 나름의 매력이 있다. 사육제가 시작하면 클럽과 술집에 사람이 모이기 시작한다. 특히 젊은 세대는 혹독한 겨울, 고된 업무, 코앞에 닥친 시험에서 잠시 벗어나 축제 분위기를 즐긴다. 나이가 많아 클럽에 가지 못하는 사람은 새해부터 사순절 전까지 주로 집에서 축제를 즐긴다. 사순절은 성회 수요일부터 시작해 부활절 일요일까지 금식하는 40일 동안을 말한다.

농촌이나 산간 지역에서는 전통대로 야외에 모닥불을 피우고 향신료 맥주와 덥힌 와인을 잔뜩 마시고 썰매 타기(쿨리그)를 한다.

사순절 시작 전 마지막 목요일을 기름진 목요일(투우스티 치바르테크)이라고 한다. 이때 제과점, 육류와 치즈 판매점을 향한 줄이 거리 모퉁이를 돌아 길게 서고 온 나라가 전통 과자, 기름진 도넛(퐁치키)을 배 터지도록 먹는다. 사순절이 시작되면 금식하는 척이라도 해야 하기 때문이다. 사육제의 마지막 화요일(오스타트키)은 사순절 금식 전에 마지막으로 가톨릭 신도들이 음악을 크게 틀고 춤추고 술을 마시며 고기와 과자를 즐기는 시간이다.

교회를 다니지 않는 사람도 사순절은 중요하게 생각해서 파티나 과소비를 자제하는 편이다. 폴란드인은 이 시기를 나쁜 습관을 끊을 기회로 여겨 다이어트를 시작하거나 술을 끊거나 운동을 규칙적으로 하는 등 몇 주 동안만이라도 조금 더 건강하게 생활하려 한다.

【 부활절 】

최근 서구 소비문화 때문에 크리스마스가 더 화려해지긴 했지만, 폴란드에서 부활절은 크리스마스만큼 중요한 전통이다.

사순절은 종려주일로 시작하는 '성주간(비엘키 티지엔)'에 막을 내린다. 중앙유럽에는 아열대 종려나무가 부족해 폴란드인은 갯버들 나뭇가지에 특별한 향을 뿌려 대신 사용한다. 종려주일이 되면 교구민들은 지역교회에서 축복한 나뭇가지를 들고 사제를 따라 거리를 행진한다.

성금요일(비엘키 피옹테크)은 공휴일이 아니다. 하지만 신자들에게는 중요한 날로 성주간의 다른 날들처럼 들뜬 분위기가 아니다. 성금요일은 그리스도가 돌아가신 날이기에 침울한 분위기 속에 미사를 드린다. 미사를 마치면 여러 교구에서 십자가를 지고 행진한다. 성묘(그리스도가 부활할 때까지 누워있던 무덤-옮긴이)를 본뜬 장소를 방문하기도 한다. 이때 각 가정에서는 부활절 일요일 축제 준비가 한창이다.

성토요일(비엘카 소보타)이 되면 가정마다 부활절 일요일에 먹을 음식을 오밀조밀 꾸민 버드나무 바구니에 한가득 담는다. 주로 빵, 소금, 후추, 소시지, 삶은 달걀, 부활절 상징인 염소를 본뜬 설탕 음식을 담는다. 미사를 마치면 신부가 바구니마다 성수를 뿌리며 축복한다.

부활절 일요일 아침 미사를 마치면 드디어 사순절 금식이 끝난다. 성대한 아침 식사와 함께 축제가 시작한다. 집집마다

마주렉 페이스트리. 폴란드의 부활절 전통 디저트.
바삭한 페이스트리, 초콜릿 크림, 설탕에 절인 과일, 견과류, 아몬드로 만든다

온종일 전통 요리와 와인, 보드카를 먹고 마시며 축제를 즐긴다. 바깥에서는 폭죽을 터뜨리고 안에서는 잔뜩 먹고 마시는 축제 분위기는 사순절의 조용하고 평화로운 분위기와 대조된다.

[시미구스-딘구스]

물에 젖기 싫다면 부활절 월요일, 즉 시미구스-딘구스라는 이름으로 더 널리 알려진 이날에는 폴란드에 가지 말자. 이날은

봄의 시작을 기리는 이교도 축제에 뿌리를 둔 '흥겨운' 전통으로, 젊은 남성들이 물에 흠뻑 젖을 희생자를 찾아 거리를 누빈다. 예전에는 결혼 안 한 여성이 대상이었지만 요즘은 운이 없는 행인 누구나 대상이다.

【 5월 첫째 주 】

5월 첫째 주는 봄을 맞아 잠시 쉬어가는 때로 5월 1일과 3일 이틀 모두 공휴일이다. 5월 1일은 노동절이지만 공산정권 이후에는 별다른 의미가 없다. 5월 3일은 1791년 폴란드의 첫 성문헌법 제정을 기념하는 날이다. 공식 기념행사와 축하 행렬이 이어지고 창가에서 폴란드 국기를 흔드는 사람도 있지만, 대체로 연휴를 맞아 놀러 가는 탓에 제헌절의 원래 의미는 퇴색했다. 회사에 따라 한 주 내내 문을 닫기도 하며 봄나들이를 떠난 사람들로 도시가 한산하다.

【 성체 축일 】

민속 의상을 좋아한다면 삼위일체주일 후 첫 번째 목요일에 있는 성체 축일 행진을 놓치지 말자. 바르샤바 서쪽에 자리한 위비치는 특히 경건하며 다채로운 축제로 알려져 있다.

성체 축일에 전통 민속 의상을 입은 워비치 사람들

[모든 성인 대축일과 모든 영혼 축일]

모든 성인 대축일과 모든 영혼 축일은 각각 11월 1일과 2일로 전통 기념일 가운데 가장 경건한 날로 고인을 기리며 떠나간 가족의 무덤에 성묘하는 날이다.

11월 1일만 공휴일이며, 11월 2일은 사랑하는 이들의 떠나간 영혼을 위해 기도한다. 친척과 함께 공동묘지를 찾아 무덤 주위를 깨끗이 하며, 무엇보다 국화와 같은 꽃을 두고 조그만 양초에 불을 밝힌다. 밤이면 양초 수천 개가 은은하게 빛나는 모습이 초현실적인 분위기를 풍긴다.

　모든 성인 대축일의 종교의식에는 이교도 요소가 들어 있다. 예전부터 이날이 되면 망자의 영혼이 자유로이 돌아다닌다고 믿어서 망자가 허기를 달래도록 무덤 옆에 음식을 두었다.

　독실한 폴란드인은 모든 성인 대축일을 경건하게 여겨서 핼러윈 축제를 보면 눈살을 찌푸린다. 이들에게 핼러윈 축제는 너무 화려하고 가벼워 보여서 사탕을 달라며 문을 두드리다가 혼쭐이 날 수도 있다.

【 성 안드레아 축일 】

마찬가지로 이교도 전통이 섞인 성 안드레아 축일(안제이키)은 추분 다음인 11월 30일이다. 공휴일은 아니지만 많은 사람이 파티에 참여해 안제이(안드레아)라는 이름을 가진 사람들을 축하한다. 아이들은 이날을 기념하면서 녹인 왁스를 열쇠 구멍에 부어 물 양동이 위로 떨어뜨린다. 물 위에 떨어진 왁스가 굳으면 이를 손에 들고 벽 앞에서 빛을 비추어 드리운 그림자를 보고 이듬해 운을 점친다.

【 성 니콜라우스 축일 】

크리스마스는 원래 12월 6일 성 니콜라우스 축일(미코와이키)에서 시작했다. 과거에는 어른 한 명이 요즘 산타클로스 옷이 아닌 주교가 입는 것 같은 긴 예복을 갖춰 입은 다음, 말 잘 들은 아이에게는 선물과 사탕을, 말 안 들은 아이에게는 나뭇가지를 나눠주었다. 요즘은 아이가 잠잘 때 베개 밑이나 신발에 조그만 선물을 두어 다음날 깼을 때 성 니콜라우스의 깜짝 선물을 발견하도록 한다.

【 크리스마스(보제 나로제니에) 】

크리스마스는 폴란드인에게 매우 특별한 날로, 민속 의상과 전통이 그 어느 때보다 사랑받는다. 크리스마스 주간에서 가장 중요한 날은 크리스마스 전날(비길리아)이다. 공휴일은 아니지만 많은 사람이 축제가 시작한다는 첫 별이 뜨는 시간에 맞추어 일찍 퇴근하거나 휴가를 낸다.

　전통 비길리아 만찬은 아주 세세하게 짜여 있으며 고기가 안 들어간 12가지 코스 음식이다. 가장 인기 있는 요리는 잉어, 청어, 버섯 요리, 양귀비씨 케이크, 사우어크라우트(양배추를 소금에 절여 발효시킨 독일 김치-옮긴이)로 속을 채운 만두(피에로기)

다. 혹시 모를 손님이나 이날 세상에 나들이한 조상의 영혼을 위해 따로 상을 차린다. 예수님이 태어난 마구간을 상징하는 건초 더미를 하얀 테이블보 아래에 두며 건초 몇 가닥을 뽑아 미래를 점치기도 한다. 축제 기간에는 성 니콜라우스가 주었다고 하면서 선물을 서로 주고받는다. 가톨릭 신자들은 고기를 남김없이 먹고 만찬을 끝낸 다음, 성탄 자정 미사를 드리러 집을 나선다.

크리스마스 전날 저녁은 폴란드의 다른 가톨릭기념일처럼

크리스마스 축제를 즐기는 그단스크 옛 시가지의 밤

미신이 많이 남아있어 독특한 분위기가 감돈다. 그 가운데 가장 독특한 믿음은 자정이 되면 동물이 말을 한다는 것이다. 모두 미사에 참석해서 실제로 동물이 말하는지 들을 사람은 없다. 다양한 방법으로 미혼 여성이 언제 결혼할지, 이듬해 농사가 잘될지 따위를 묻는 점을 치기도 한다. 이것은 주로 이교도의 겨울 축제에서 비롯한 관습이다.

12월 25일은 대체로 가족과 함께 조용히 보낸다. 크리스마스 당일은 12일 동안 이어지는 크리스마스 축제의 첫날이다. 이날까지는 비고스, 즉 사냥꾼의 스튜라는 전통음식을 곁들여 마음껏 먹고 마신다.

성 스테파노 축일(12월 26일)은 친구나 가족을 만나고 아기자기하게 꾸민 크리스마스 전시를 보러 교회에 들른다. 전시 내용은 주로 예수님 탄생 장면, 알록달록한 종이 궁전, 사람과 기차가 스스로 움직이는 자동 모형 마을 같은 것들이다.

【 새해 전야 】

새해 전날 밤은 파티를 즐길 또 다른 기회다. 특히 바르샤바에서는 격식을 갖춘 무도회가 세대를 가리지 않고 엄청난 인기다. 원래는 집에서 보드카나 샴페인과 함께 푸짐하게 먹고 마시며 축제를 즐겼다. 하지만 요즘은 마을과 도시에서 TV나 라디오 방송국 후원으로 열리는 야외 행사도 인기가 많다. B급 연예인이 진행을 맡고 가수들이 나와 그해 인기곡을 부르는 방식으로 대체로 마을 광장에서 열리며 규모가 큰 행사는 텔레비전이나 온라인으로 중계된다. 바르샤바 새해전야 공연은 도심의 헌법 광장에서 열린다. 원래 공공장소 음주는 불법이지만 이날만은 경찰도 눈감아주므로 마실 술을 챙기고 기온이 영하 15도까지 떨어지므로 따뜻하게 입자. 하지만 날씨가 춥다고 해서 축제 인파가 금세 흩어지지는 않는다.

특별한 행사

【 영명 축일 】

생일은 주로 아이들만 하지만 영명 축일은 어른도 챙기는 편이다. 폴란드인은 누구나 성인의 이름을 딴 세례명이 있고 그 성인을 기리는 날이 있다. 예를 들어, 이름이 안제이키(안드레아)인 사람은 11월 30일 성 안드레아 축일을 기념한다.

생일과 다르게 영명 축일에는 다른 사람에게 자기 나이를 밝힐 필요가 없다. 게다가 달력만 보아도 누구의 영명 축일인지 쉽게 알 수 있다. 영명 축일은 보통 가족이나 친구와 함께 조촐하게 축하한다. 직장에서도 잠시 쉬는 시간에 조그맣게 자리를 마련해 '백 살까지 장수하라'는 뜻의 노래 '스토 라트'를 부르며 다과를 즐긴다.

[결혼식]

폴란드 결혼식 축제는 진지하고 오래 하기로 유명하다. 형편이 그리 넉넉하지 않은 가정도 결혼식 손님 대접에는 정성을 쏟는다. 결혼식 축제는 다음 날 아침까지 이어지곤 하며 가까운 친구나 친지에게 숙박을 제공하기도 한다. 남부 타트리산맥 지역에서는 한 주 내내 결혼식을 하기로 유명하다! 하객은 주로 전통 민속 의상을 입고, 결혼식 선물은 돈 봉투를 준비하는 것이 관례다. 신혼부부가 결혼식 비용을 충당하거나 앞으로 생활비에 보탤 수 있어서 돈을 가장 괜찮은 선물로 여긴다.

04

친구 사귀기

폴란드인은 활달하고 사교적이다. 하지만 첫 만남에서, 특히 지인의 소개가 아닌 자리에서는 경계하며 상대와 거리를 둔다. 폴란드인은 첫 만남에 너무 살갑게 구는 것을 자연스럽지 않고 가식적이며 조금 부끄러운 일이라고 여긴다. 이런 태도는 친구나 친지를 대하는 따스한 모습과는 대조적이다.

폴란드인은 활달하고 사교적이다. 하지만 첫 만남에서, 특히 지인의 소개가 아닌 자리에서는 경계하며 상대와 거리를 둔다. 그들은 전혀 모르는 사람 앞에서 군이 친절해야 한다고 느끼지 않는다. 폴란드인은 첫 만남에 너무 살갑게 구는 것을 자연스럽지 않고 가식적이며 조금 부끄러운 일이라고 여긴다. 이런 태도는 친구나 친지를 대하는 따스한 모습과 상당히 다르다.

폴란드인 만나기

폴란드를 처음 방문한 사람은 폴란드인이 사람을 대하는 태도가 두 가지뿐이라고 여길 수 있다. 사람을 아주 격의 없이 대하거나 거리를 두고 차갑게 대한다고 말이다. 이런 태도는 상황에 따라 달라진다. 북미인은 대체로 누구를 만나든 열려 있고 격식을 차리지 않는 편이라 폴란드의 사회 규범에 녹아들기 어렵다고 느낄 것이다. 미국인은 사이가 좋은 사람을 모두 '친구'라고 부르지만, 폴란드인은 오래 만나 정말 가까운 사이가 아닌 이상 친구라고 말하지 않는다.

【 적재적소의 친구 】

폴란드 사회에서 인간관계는 복잡하고 중요하다. 앞서 살펴봤듯이 공산주의 시절 개인 인맥은 중요했으며 특히 엄격한 통제 탓에 '적재적소에 있는 친구' 없이는 아무것도 못 하던 시절에는 더 그랬다. 공산정권은 끝났지만, 그때 인맥은 남아서 지금도 사회생활에서 중요한 역할을 한다. 어려운 사람을 돕는 일에 폴란드인은 기꺼이 자기 친구를 소개해줄 것이다.

폴란드에서 인맥은 너무나 중요해서 가장 손쉽게 사람을 만나고 친구가 되는 방법은 서로 아는 친구를 거치는 길이다. 폴란드인은 친구가 소개한 사람을 신뢰한다. 친구를 통해 소개받으면 즉시 친구가 된다. 하지만 친구가 보장하지 않는 첫 만남이라면 폴란드인은 경계하고 냉랭할 것이다. 만약 서로 지인을 통해 소개받았다면, 반드시 처음부터 이를 말해야 편안히 대화를 시작할 수 있을 것이다.

예의 있는 호칭과 아닌 호칭

적절히 예의를 갖추기란 간단하지 않은데 어떻게 서로 알게 되었는지보다 서로의 지위가 중요하다.

외국인이 폴란드어로 대화할 때 어려운 부분은 언뜻 간단해
보이지만 '판, 파니(각각 남성과 여성 존댓말 호칭)'와 '티(너)'를 구분
하는 일이다. 비슷한 구분법이 다른 언어에도 있지만, 폴란드
어에서는 특히 조심해야 한다. 상대를 잘못 호칭하면 배우자
를 불륜 상대의 이름으로 부르는 일에 버금가는 실례이기 때
문이다. 다행히 외국인은 실수로 넘어가 주는 편이다.

처음 외국인을 만난 폴란드인이 영어로 '너you'라고 말할
때 어색해도 너무 놀라지는 말자. '어느 나라에서 오셨어
요?Where do you come from?' 같은 간단한 질문조차 폴란드어로 말할
때는 너에를 '존댓말 호칭'으로 바꾸어야 한다. 존댓말 호칭은
연장자나 직장 상사와 이야기할 때 특히 중요하다. 이때 흔히
상사나 연장자가 서로 '티(너)'라고 부르자고 제안하면서 상황
을 정리한다.

영어가 유창하거나 외국인을 만나본 폴란드인은 '너'라고
말하는 데 거부감이 없지만 너라는 호칭에 담긴 의미는 작지
않다. 많은 외국인 관리자가 경험하듯 폴란드에서 격식을 갖

2009년 폴란드에 문을 연 스타벅스 바리스타들은 교육받은 대로 손님을 미국식으로 대했다. 친근하게 활짝 웃으며 모든 손님을 격의 없이 '티(너)'라고 불렀다. 그리고 나중에 커피가 나오면 손님을 불러야 했으므로 당연히 이름도 물어봤다. 하지만 십 대인 직원이 가까운 친구처럼 손님을 대하는 일을 폴란드인은 터무니없어했고, '우리가 언제부터 서로 이름을 불렀죠?'라는 반응을 보이기도 했다. 몇몇 신문은 사설을 통해 폴란드 사회에 예의가 사라졌다며 한탄하기까지 했다! 시간이 지나면서 사람들은 과한 친근함에 익숙해졌고 요즘 사람들이 많이 찾는 카페에서는 손님 이름을 직접 호명하는 일이 흔하다.

춘 행동과 그렇지 않은 행동은 차이가 크다. 예를 들어 폴란드에서 상사를 이름으로 부르는 일은 매우 드물다. 설령 상사가 그렇게 제안해도 직원은 이름 앞에 존칭을 붙이는 편이다. 반면 동료끼리는 아주 예의를 갖추다가도 금세 격의 없는 '절친'이 되기도 한다. 미국인이라면 후자가 편하겠지만 서유럽인은 예의와 절친 사이쯤이 편안할 것이다.

이렇듯 복잡한 상황을 가장 쉽게 해결하는 방법은 아무개

씨라고 불릴 때 '그냥 아무개라고 불러주세요'라고 먼저 말하는 것이다. 다른 방법은 상대가 나를 부르는 것과 같은 방식으로 상대를 부르는 것이다. 예를 들어 상대가 나를 스미스 씨라고 부른다면 나도 상대를 브쳉치슈치키에비치 씨라고 부르는 것이다.

【 대화 】

폴란드인은 대화하기 편한 사람들이며 사교 모임에서 만나 대화의 물꼬를 트는 것도 그리 어렵지 않다. 하지만 처음에는 예의를 갖추어 대화해야 한다는 점을 잊지 말자. 만약 자신을 성 대신 이름으로 소개한다면 상대도 그렇게 할 것이고 조금 덜 딱딱한 말투로 대화를 할 수 있다.

'요즘 어떻게 지내세요?How are you?' 하고 물었는데 상대가 장황하게 대답한다고 놀라지 말자. 폴란드에서 이 표현은 인사치레가 아니라 요즘 처지나 건강 문제, 고민거리를 털어놓으라는 신호이기 때문이다. 마찬가지로 '좋은 하루 보내세요Have a nice day' 같은 인사는 의미 없고 가식적으로 여기므로 피해야 한다. '안녕히 가세요(도 비제니아)'나 '다음에 봬요(도 조바체니아)' 정도가 적당하다.

【 악수하기, 손과 볼에 입 맞추기 】

상대를 소개받은 다음에, 그리고 이후에 다시 만났을 때 '어디까지 접촉해도 좋은지' 파악하는 일도 외국인으로서는 난감한 문제다. 규칙이 상당히 복잡한 편이지만 여기서도 핵심은 세대 차이다. 젊은 세대라면 '안녕'하고 인사한 다음 간단히 악수하는 현대식 인사법에 익숙할 것이다.

처음 만나거나 예의를 갖추어야 하는 자리에서 남성끼리 주고받는 인사의 기본은 성의껏 힘차게 악수한 다음 '진 도브리'('좋은 날이네요', 또는 '안녕하세요') 하고 인사하는 것이다. 여성끼리도 마찬가지지만 악수는 살짝 가볍게 한다.

아쉽게도 남성과 여성이 만날 때는 뚜렷한 규범이 없다. 서로 나이와 지위에 따라 달라진다. 젊은 세대는 '진 도브리' 하고 인사하며 악수하는 것이 보통이다. 나이 든 폴란드 남성은 이제는 좀처럼 보기 힘든 모습이지만 살짝 고개 숙여 인사하며 존경의 의미로 여성의 손에 입을 맞출 것이다. 남성이 폴란드 여성을 소개받는다면 어떤 상황이든지 정중하게 악수하면 된다.

가족 간에, 특히 오랫동안 얼굴을 보지 못하다가 명절 등에 만나면 서로 살포시 안고 뺨에 세 번 입을 맞춘다(횟수가 꼭 세 번일 필요는 없다). 폴란드인 가정에 초대받으면 앞서 말한 대로 손님을 맞이하기 위해 폴란드인 가족이 당신 앞에 길게 줄을 선 모습을 볼 수 있을 것이다.

"집에 온 손님은 신이다"

이 옛 폴란드 속담은 여전히 유효하다. 폴란드인은 집에 온 손님을 극진히 대접하며 그 모습은 잔치를 벌이는 능력만큼이나 놀랍다. 집주인이 식사를 준비했을 테니 빈속으로 가는 게 좋다. 차나 커피 한잔하자고 했더라도 예쁜 케이크를 함께 내올 것이다. 내온 음식을 조금이라도 맛보는 것이 성의에 답례하는 방법이다.

[식사]

점심 식사 초대는 절대 사소한 일이 아니다. 폴란드의 늦은 점심(오비아드)은 하루 중 가장 중요한 식사에 속한다. 근무 시간 때문에 평일은 어렵지만, 주말에는 다들 늦은 점심을 즐긴다. 음식은 에피타이저와 수프, 주로 고기를 곁들인 따뜻한 요리

한두 개로 구성된 코스요리다. 고기, 치즈, 버섯, 양배추로 속을 채운 만두(피에로기), 양배추 말이(고웡프키), 돼지갈비 요리(스하보비)와 같은 폴란드 가정식이 나오니 절대 놓치지 말자.

저녁 식사(콜라치아)는 손님이 없는 한 조금 더 가벼운 자리다. 주로 샐러드, 치즈 모둠, 절인 청어, 차가운 고기 요리와 같이 차가운 음식을 빵과 함께 애피타이저로 먹은 다음 따뜻한 음식을 곁들인다. 고기를 좋아하는 사람에게 이 자리의 백미는 폴란드 소시지(키에우바사) 모둠으로 차게도 데워서도 먹는다. 저녁 식사는 대체로 많은 사람이 모여 느긋하게 즐기는 자리다. 사람들은 보드카를 마시며 찬찬히 식사를 음미한다.

선물 주고받기

선물 주기는 폴란드 전통이다. 집을 방문하거나 처음 만나거나 특별한 날에 주로 선물을 준비한다. 결혼식이나 아주 중요한 날을 제외하면 값비싼 선물은 하지 않는다. 생각보다 비싼 선물에 상대가 난감해할 수도 있다.

폴란드인 가정에 초대받으면 자국 전통 기념품이나 꽃, 초콜릿, 와인 같은 술 한 병 정도로 소소한 선물이 좋다. 다른 기념일에도 비슷한 선물이 좋다. 술을 선물한다면 집주인이 이미 준비했을 보드카보다는 자국 전통주가 좋다.

【 꽃다발 】

폴란드 여성은 전 세계 어느 여성보다도 꽃다발을 많이 받을 것이다. 세계여성의 날에는 거리에서 무료로 꽃다발을 나눠줄 정도다. 초대받은 집에 갈 때는 그 집 안주인에게 꽃다발을 주어야 한다. 꽃다발은 남녀 할 것 없이 생일이나 영명 축일에 알맞은 선물이며 멋진 꽃다발이 진열된 꽃집을 거리 곳곳에서 쉽게 볼 수 있다.

미국인은 꽃을 살 때 여섯 송이, 열두 송이씩 짝수로 사지만 폴란드인은 항상 홀수로 산다. 장례식에 바치는 꽃다발만 짝수다. 빨간 장미와 국화는 특별한 의미를 지녔다. 서유럽과 마찬가지로 장미는 연인 사이의 사랑을 뜻하며 국화는 묘지나 장례식에 갈 때 사는 꽃이다.

음주

안타깝지만 폴란드는 여전히 알코올 중독 문제와 씨름하고 있다. 도시와 농촌 모두 음주 문제가 심각하다. 정부는 공공장소 음주를 금지했지만, 술집의 개수나 판매 시간을 법률로 제한하고 있지 않아서 주유소를 비롯한 대부분 가게에서 24시간 365일 술을 판다.

점차 폴란드 전통주인 보드카 대신 맥주나 와인을 마시는 사람이 늘고 있다. 공산정권이 막을 내리고 지난 30여 년 동안

바르샤바 중심가의 어느 바에서 만난 친구들

맥주의 인기가 급상승해, 맥주 판매량이 전체 주류 판매량의 절반을 넘어섰다는 보고도 있다. 하지만 맥주 취향도 바뀌고 있어서 와인, 향 맥주, 크래프트 맥주, 저알코올이나 무알코올 맥주의 인기도 오르고 있다. 주류와 수입 와인 판매도 증가하는 추세다. 이런 변화와는 별개로 전통 행사나 기념일에는 보드카를 마시는 것이 관례다.

【 보드카 마시기 】

폴란드에서는 보드카를 차게 해서, 아니면 종종 얼려서 샷 글라스에 마시는데, 몸이 확 달아오르지 않도록 주스, 콜라, 미네랄워터를 곁들인다. 따로 마시기보다 잇달아 건배하며 함께 마신다. 흔히 행사 주최자나 연장자가 건배를 제안하지만 술을 마시다 보면 다른 사람이 건배를 제안하기도 한다. 외국인이라면 마시는 속도가 너무 빠르다 싶을 때 아예 안 마시기보다 반쯤만 마시고 잔을 내려놓는 것도 좋은 방법이다. 빈 잔을 채우는 것은 행사 주최자나 건배를 제안한 사람의 몫이다. 다른 사람 잔을 채우기 전에 자기 잔부터 채워서는 안 되며 다른 사람 잔을 다 채우고(채워도 되는지 굳이 물어보지 않는다) 자기 잔을 마지막으로 채운다. 여성은 대체로 보드카보다 음료를 섞은 술이나 와인을 좋아하지만 원한다면 남성들과 함께 보드카를 마실 수 있다.

보드카는 진지한 술이어서 보드카를 즐기는 사람들도 파티, 기념일, 특별한 날을 위해 아껴둔다. 여기서 특별한 날은 매주 토요일 밤을 말한다. 술집이나 식당에서 마실 때 폴란드인만의 건배사가 있다. '건배'할 때 '나 즈드로비에', 즉 '건강을 위해'하고 외치는 것이다.

최근에는 향이 나는 국내 보드카의 인기가 부활했다. 깔끔하게 보드카만 차게 해서 마시거나 칵테일처럼 만들어 음미하

주브로브카. 바이슨 그라스(향모) 향이 나는 보드카

며 마시거나 '원샷'으로 마시기도 한다. 전통주처럼 허브향이 나는 보드카부터 꿀, 민트, 블랙체리까지 여러 향이 있다. 그 가운데 가장 유명한 보드카는 주브로브카로, 술병에 기다란 풀이 담겼는데 들소가 자유로이 거니는 동부의 비아워비에자 원시림에서 캔 것이라고 한다.

폴란드인은 대개 가정에서 손수 술을 담근다. 이렇게 집에서 담근 '날레프카'는 알코올 함량이 40~75% 정도로 보드카나 중성 주정(순수 알코올 - 옮긴이)에 여러 재료를 섞는 방식이다. 주재료로 꿀, 설탕, 과일, 딸기류, 허브, 향신료, 식물 뿌리를 넣는다. 날레프카는 주로 식전이나 식후에 아페레티프(에피타이저로 마시는 알코올음료-옮긴이)로 작은 잔에 마시며 식사에 곁들이지는 않는다. 허브를 우려낸 날레프카는 약효가 있어 소화를 돕는다고 한다.

폴란드인과 데이트하기

얼마 전만 해도 폴란드에 살거나 폴란드를 찾는 외국인은 흔치 않았다. 따라서 짝이 없는 외국인 거주자나 관광객은 폴란드에 오래 머물지 않았다. 그러나 유럽연합 가입과 저가 항공 덕분에 폴란드를 찾고 폴란드에 머무는 사람이 갈수록 늘어난다. 그 결과 외국인과 사귀는 폴란드인도 상당히 많아졌다. 그렇지만 서로 다른 문화권 사람끼리 사귀는 일은 지뢰밭을 걷듯 어려운 일이며 이는 폴란드인도 예외가 아니다.

폴란드 남성은 연인을 만날 때 옛 신사처럼 행동한다. 여성이 외투를 벗을 때 도와주거나 음식값을 대신 내기도 한다. 여성을 만나러 갈 때는 꽃다발을 준비하고 저녁 식사 자리는 아주 세세하게 계획을 짜는 편이다. 점차 바뀌고 있지만, 여전히 데이트 신청을 하고 계획을 세우는 쪽은 남성이다.

술집에서 가볍게 술 한잔한다고 해서 상대가 내게 호감이 있다고 생각하지는 말자. 폴란드인 남녀는 연애 감정 없이도 얼마든지 함께 어울린다.

1990년대 이후로 상당히 나아지긴 했지만, 폴란드 도시 대부분에서 동성애자가 모이는 장소는 감춰줘 있다. 폴란드의 영어잡지나 잡지사 웹사이트를 통하면 동성애자가 갈 만한 장소를 알 수 있다. 하지만 동성애 연인을 향한 반감이, 특히 소도시나 마을은 더 강하므로 주의해야 한다.

〖 온라인 데이트 〗

폴란드인은 늘 바쁘고 심각해서 다가가기 어려워 보이며, 따라서 무작정 말을 거는 식으로는 연인을 만들기 쉽지 않을 것이다. 마음에 든 상대에게 길에서 말을 거는 행동은 부적절하며 방금 만난 사람에게 데이트 신청을 하는 행위도 의심을 살 수 있다. 심지어 낯선 사람을 보고 웃기만 해도 상대가 당황하거나 당신을 이상한 사람으로 여길 수 있다. 사람들이 연인을 만나기 쉬운 온라인 데이트를 이용하는 이유다.

매월 전 세계 약 6만 명의 이용자가 가벼운 만남부터 진지한 만남까지 여러 목적으로 틴더, 바두 같은 데이트 앱을 통해 사람을 만난다. 이용자들은 나이가 어리고 새로운 경험을 즐기는 편이다. 하지만 영어를 연습하려고 외국인을 찾는 이용자도 있어서 당신이 연인을 찾는다면 실망할 수도 있다!

현지의 데이트 앱이나 웹사이트도 많은데 가장 인기 있는 사이트는 Sympatia.pl과 eDarling.pl이다. 두 사이트 모두 무료 회원과 프리미엄 회원 가운데 선택할 수 있다. 틴더 같은 앱과

다르게 가볍지 않은 분위기여서 주로 진지한 만남을 바라는
30대 이상 연령층이 이용한다.

05

가정생활

가족은 폴란드 문화의 핵심이다. 세대가 달라도 자주 왕래하며 주말마다 부모님을 뵈러 길을 나서는 폴란드인이 많다. 폴란드인에게 집은 단지 거주 공간이 아니라 항상 가족과 친구를 향해 열려 있는 만남의 장소다.

폴란드인에게 집은 단지 거주 공간이 아니라 항상 가족과 친구를 향해 열려 있는 만남의 장소다.

폴란드 가족

가족은 폴란드 문화의 핵심이다. 세대가 달라도 자주 왕래하며 주말마다 부모님을 뵈러 길을 나서는 폴란드인이 많다.

【 아이들 】

폴란드 가정은 통계상 평균 1.4명의 자녀를 키우며(1990년에는 2명이었다), 이는 가톨릭교회의 강력한 피임 반대에도 불구하고 서유럽과 비슷한 수준이다. 자유시장 경제가 발달하고 가족과 보낼 시간이 줄면서 이 수치는 점차 낮아지고 있다.

외국인이 보기에 폴란드 부모와 조부모는 아이를 상당히 애지중지하고 과보호한다. 더운 여름을 제외하면 외출할 때 항상 아이 옷을 여러 겹 껴입히고, 모자, 엄지 장갑 같은 것으로 꽁꽁 싸맨 다음에야 내보낸다. 아이를 춥게 입힌 외국인 부모는 길에서 못마땅한 눈총을 받거나 바브치아(할머니)를 마주

칠 때마다 야단을 맞을 것이다. 과보호는 어린이집이나 유치원
을 고를 때도 마찬가지다. 폴란드 부모는 엄밀한 기준을 통과
한 시설에만 아이를 보내며 이때 통학 거리는 별로 문제 삼지
않는다.

자녀가 십 대 초반을 넘어서면 많은 자유를 준다. 예를 들
어 십 대 중반이 된 아이들은 부모 없이 여행을 가기도 한다.

18세 생일 전까지는 미성년자이며, 18세가 되면 투표권을
얻고 합법적으로 음주를 할 수 있다.

타트리산맥의 모르스키에 오코('바다의 눈') 호수로 나들이한 가족

은퇴자는 흔히 결혼한 자녀와 함께 살면서 집안일을 돕거나 손주를 돌본다. 여기에는 두 가지 이점이 있다. 우선 70만 원 남짓한 국가 연금으로는 생활이 어려운 노인 세대가 자녀에게서 경제적 도움을 받을 수 있다. 다음으로 바쁜 부모 대신 조부모가 손주를 정성껏 돌봐 줄 수 있다. 오후 세 시에 문을 닫는 유치원도 있어서 대여섯 시가 되어야 퇴근하는 부모에게 조부모의 손길은 큰 도움이 된다. 노인 돌봄 시설은 여전히 적고 턱없이 비싸다. 경제적으로 도와주거나 함께 살 가족이 없는 노인은 생활이 곤궁하다.

폴란드 사회에서 노인은 존경의 대상이다. 사람들은 버스, 트램, 기차에서 차례나 자리를 노인에게 양보하기도 한다.

폴란드 가정

폴란드는 주택 종류마다 공급량에 큰 차이가 있다. 아파트는 옛 공산정권 시절 주거지와 새로 개발된 곳이 엇비슷하다. 공공주택은 개수가 적고 관리가 잘 안 되고 입주하기도 어려워

손수 주택을 짓고 살고 싶어 하는 폴란드인이 많다. 하지만 교외에 집을 짓고 살려면 담보대출 이자가 높고 돈도 많이 들어서 단순히 바람에 그칠 때가 많다.

부모 세대는 앞서 '클수록 좋다'라며 집을 지어 언젠가 자식, 손주와 함께 살날을 꿈꾸었다. 하지만 젊은 세대가 도시로 이동하면서 이런 집들은 점차 방치되어 지금은 세대원이 한두 사람만 남았다. 한편, 도시는 단위면적당 주택 가격이 천정부지로 치솟아 젊은 세대가 집을 갖는 일이 점점 요원해지고 있다. 주택개발업자들은 도심에서 아파트 구하기가 어려워지자 새로운 방법으로 수익을 창출했다. 그 가운데 하나가 '초소형 아파트'로 발코니와 창문이 없고 부엌과 화장실을 함께 쓰는 주거 형태다. 집보다는 기숙사에 가까워서 처음 독립한 사람들이 주로 산다. 평범한 시민들이 내 집 마련하려고 애쓰는 동안 투자자들은 아파트를 사서 비싼 임대료를 받으며 주택 시장을 과열시켰다. 특히 에어비앤비 같은 단기 임대 시장은 아직 마땅한 규제조차 없는 상황이다.

아파트 임대하기

아파트 임대 계약은 주로 집주인과 직접 맺는다. 하지만 외국인에게 가장 좋은 방법은 부동산 중개업자를 통하는 것이다. 주위에 괜찮은 중개업자가 있는지 물어보되 만약 없더라도 정직하고 믿음직한 중개업자를 쉽게 찾을 수 있다. 표준 중개 수수료는 월 임대료의 50%로 한 번에 지불한다. 폴란드어 통역을 구해 온라인 매물 광고를 보고 집주인과 직접 거래하는 방법도 있지만, 막상 전화를 걸어보면 집주인이 아니라 부동산 중개업자가 받을 때가 많다.

옵션이 없는 조건이어도 전기 설비나 부엌 싱크대, 욕실 붙박이장 정도는 비치되어 있다. 옵션이 있다면 침대, 식탁, 의자 같은 가구가 있다. 하지만 임대로 나온 아파트는 가구가 낡고 허름한 편이니 주의해야 한다.

가전제품

소형 아파트는 부엌이나 욕실 구석에 주로 소형 세탁기가 설치

되어 있다. 빨래 건조기는 비싼 편이어서 넓은 아파트에나 있다. 식기세척기가 있는 집은 아파트든 주택이든 거의 없다. 콘센트는 유럽 표준인 220V에 2구 형태다. 110V짜리 어댑터는 철물점이나 전자제품 판매점에서 쉽게 구할 수 있다.

여느 유럽인처럼 폴란드인도 휴일에 텔레비전을 많이 보지만 미국인보다는 덜한 편이다. 나이 든 세대는 손님이 있어도 텔레비전을 켜 둔다. 손님도 식탁에 앉아 식사하면서 뉴스나 영화, 스포츠 경기를 함께 본다. 하지만 젊은 세대는 더 이상 텔레비전을 사지 않는다. 만약 사더라도 게임 콘솔용 화면으로 쓰거나 지상파 방송보다는 온라인 동영상을 보는 용도로 사용한다. 오락의 중심이 텔레비전에서 차츰 노트북과 스마트폰으로 옮겨가고 있는 것이다.

장보기

부쩍 많아진 서구식 마트는 폴란드인의 일상생활에 오롯이 스며들었다. 신선한 농산물은 시장에서 사더라도 상할 걱정이 없는 물건은 서구식 마트에서 산다. 대도시에는 미국식 쇼핑몰

크라쿠프의 카지미에시 지구, 신선한 과일과 채소를 파는 시장

이 흔하며 인기가 많아서 특히 밖에 나가기조차 싫을 만큼 추운 겨울이면 사람으로 북적인다. 쇼핑몰 푸드코트는 음식값이 저렴하고 안전해서 방과 후 청소년들이 어울리는 장소다.

구멍가게는 산간벽지를 포함해 폴란드 곳곳에 있는데 신선한 고기와 농산물부터 온갖 주류까지 없는 게 없다. 구멍가게는 대체로 마을의 중심지로 사람들이 만나 이야기를 나누는 곳이다. 하지만 최근 작은 마트와 대형마트 체인이 들어서면서 구멍가게는 경쟁력을 잃었다. 특히 저렴한 상품과 자체 브랜드 상품을 앞세운 할인마트가 급성장하면서 대형마트의 인기를 앞질렀다.

온라인 쇼핑

이미 성장세였던 온라인 쇼핑은 코로나 팬데믹을 겪으며 더욱 활발해졌다. 이제는 마트 체인부터 작은 부티크까지 모든 가게에 웹사이트가 있다. 폴란드에는 이미 이베이와 유사한 알레그로라는 회사가 있었으며 최근 아마존도 진출했다. 이제 구독을 통해 신선한 과일과 채소를 마음껏 집에서 받아볼 수 있다. 앱 기반 배달 서비스를 제공하는 여러 회사가 폴란드에서 큰 인기를 얻고 있다(231쪽 유용한 앱 참조).

일

중년 세대는 국가사회주의 경제에서 자유시장 경제로 넘어가는 과정을 겪으면서 삶이 크게 달라졌다. 공산주의 시절은 채용 면에서 완전 고용이었지만 일터에 사람이 넘쳐서 할 일이 없는 사람이 많았다. 1980년대 정부에 불만을 품는 사람이 늘면서 근무 윤리가 나빠졌다. 공산주의 시절에 좋은 점이라면 업무 시간이 오전 8시에서 오후 3시까지로 짧아 가족과 함께 할 시간이 많았다는 것이다.

요즘 근무 환경은 전혀 다르다. 노동조합이 많지만, 노동자 대부분이 권리를 보장받지 못하고 특히 사무직 노동자는 초과근무 수당도 받지 못한 채 하루 10시간씩 일을 한다. 최저 시급이 약 7,000원 정도여서 생활을 위해 부업을 하는 사람이 많다.

교육

겉으로 보면 폴란드의 교육 체계는 우수하다. 성인 식자율이 세계 최고 수준으로 99%에 가깝다. 하지만 최근 작은 농촌 마을의 성인 식자율을 두고 언론 논쟁이 불붙었다. 신문 기사를 이해하기 어려워하는 성인이 어림잡아 인구의 3분의 1이라는 지적이었다. 폴란드는 공산정권부터 이어진 옛 교육 체제의 결함을 개선하기 위해 1998년부터 2년간 국가 교육 체제 개혁을 단행했다. 그러나 교육 개혁은 주된 문제 가운데 하나인 교사 급여를 해결하지 못했다. 130만 원이 채 안 되는 월급에 많은 교사가 교사직을 그만두었고 젊은 세대는 교사를 직업으로 삼으려 하지 않는다.

현 교육 체제에서 6세 유아 교육(제루프카)은 의무 교육이다. 7세부터 15세까지 초등학교를 8년 동안 다니고 이후 중등학교에 진학한다. 중등학교는 4년제로 대학 진학을 위한 인문학교

바르샤바 기술 대학교 본관의 중앙홀

(리체움)로 갈지, 숙련 노동자로 취업하기 위해 기술학교(테크니쿰 또는 자보두프카)로 갈지 선택한다. 19세에 인문학교를 졸업하면 '마투라'라는 국가 공인 시험을 치른다. 시험 결과에 따라 좋은 대학에 갈지 못 갈지가 나뉜다.

최근 20년 동안 대학과 대학원 입학자 수는 낮아질 줄 모른다. 폴란드 경제가 어려워져 대학 졸업장 없이는 취업하기가 쉽지 않기 때문이다. 하지만 숙련된 기술 노동자들이 급여가 높은 국외로 떠난 바람에 배관공, 전기기사, 건축업자, 화물차 운전기사와 같은 블루칼라 노동자 수요가 늘고 있다.

도시와 농촌

도시와 농촌의 생활방식이 다르다는 점을 한 번 더 짚고 넘어가자. 도시 거주자는 농촌 거주자보다 오래 일하고 많이 벌며 전통 생활방식에 관심이 적다. 특히 정신없이 바쁜 바르샤바의 삶과 농촌의 삶은 전혀 다르다.

도시에서 30km만 벗어나도 전혀 다른 풍경이 펼쳐진다. 시골 사람들, 주로 할머니들이 마을 벤치에 앉아서 주변을 구경

하는 모습이 자주 보인다. 할아버지들은 모자를 살짝 들면서 '진도브리(안녕하세요)' 하고 행인에게 인사한 다음, 마을 상점에서 다른 사람과 몇 시간이고 수다를 나눈다.

06

여가생활

공산주의가 막을 내린 후 가장 긍정적인 변화 가운데 하나는 여가를 즐길 방법이 급격히 늘어났다는 것이다. 폴란드인은 업무 시간이 긴 대신에 휴가가 많은 편이며 휴일을 집에서 보내려는 사람은 거의 없다. 남유럽, 북아프리카, 알프스산맥으로 가는 여행 경비가 줄어든 덕에 해외여행도 흔해졌다.

공산주의가 막을 내린 후 가장 긍정적인 변화 가운데 하나는 여가를 즐길 방법이 급격히 늘어났다는 것이다. 이제 영화, 공연, 술집, 클럽, 식당, 쇼핑몰, 오락시설 무엇이든 마음껏 이용할 수 있었다. 하지만 이런 선택지와 별개로 폴란드인이 예전부터 즐기던 야외 활동은 줄지 않았다.

주말이나 연휴에 도시는 한산해지고 사람들은 전부 산과 바다, 호수, 고향 집으로 떠난다. 폴란드인은 업무 시간이 긴 대신에 휴가가 많은 편이며 휴일을 집에서 보내려는 사람은 거의 없다. 남유럽, 북아프리카, 알프스산맥으로 가는 여행 경비

그단스크의 '밀크바'. 건강식을 판매하는 저렴하면서 생기 넘치는 카페테리아이다

가 줄어든 덕에 해외여행도 흔해졌다.

외식

불과 얼마 전만 해도 외식을 하려면 대도시조차 선택지가 둘 뿐이었다. 하나는 기름이 줄줄 흐르는 커틀릿에 삶은 감자와 사우어크라우트를 함께 파는 저렴한 술집이었다. 1980년대에는 그것도 운이 좋은 편이었다. 다른 하나는 음식이나 서비스에 비해 가격이 비싼 고급 식당이었다. 하지만 경쟁이 치열해지면서 요즘은 적절한 가격에 괜찮은 음식을 제공하는 식당이 늘었다.

문밖이나 창밖에 메뉴판을 두는 식당이 많지 않아서 가게에 들어가 카르타(음식 메뉴)를 물어봐도 괜찮다. 식당이나 카페 메뉴판에 영어를 병기하는데 폴란드어만큼 이해하기 어려울 때도 있다! 밀크바는 공산정권 시절 흔했던 값싼 셀프서비스 식당으로 요즘 다시 유행이다. 하지만 영어 메뉴판이나 영어를 구사하는 종업원을 발견하기는 쉽지 않다.

채식주의자(베지테리언)과 완전 채식주의자(비건), 그리고 '반 채식주의자'는 점점 늘어나는 추세다. 거의 찾아보기 힘들던 채식 요리는 이제 어느 가게에서나 주요 메뉴로 올랐다. 대도시나 큰 마을은 대체로 채식 요리 전문 식당이 있으며 채식주의자를 반긴다. 덕분에 바르샤바는 최근 세계에서 가장 채식 친화적인 도시 가운데 하나로 손꼽히기도 했다.

[외국 요리]

외국 요리를 파는 식당은 별로 없지만 최근 새로운 맛을 찾는 미식가가 늘고 있다. 중국, 그리스, 이탈리아, 튀르키예 음식을 파는 식당이 꽤 있으며 점차 다른 외국 요리 식당도 늘고 있다. 북아프리카와 발칸 반도 식 카페도 찾아가 볼 만하다. 여름이면 주말에 '아침 시장'이 서며 여러 외국 요리를 맛볼 수 있는 푸드 트럭 축제가 열린다. 바르샤바 도심, 오초타 기차역 근처에는 '노츠니 시장'이라는 상설 음식 거리가 있어 타코부터 타코야키까지 없는 게 없다.

[폴란드 전통 요리]

폴란드 전통 요리는 외국 요리처럼 맛이 일정하지 않다. 주로, 그리고 당연하게도 각 가정에서 만든 음식이 가장 맛있기 때

왼쪽 위부터 시계방향으로. 피에로기 : 폴란드식 만두와 구운 베이컨, 사워크림, 딜(향신료 풀의 일종 - 옮긴이). 플라츠키 : 기름에 살짝 튀긴 폴란드식 감자전. 바르슈치 : 비트로 끓인 수프와 작은 버섯으로 속을 채운 만두. 고웡프키 : 쌀과 다진 고기를 넣은 양배추 말이

문이다. 식당에서 폴란드인과 폴란드 요리를 먹으면 아마도 우리 어머니나 할머니는 이것과는 다르게, 혹은 이것보다 맛있게 요리한다는 식의 이야기를 들을 것이다. 요즘 폴란드 전통 요리가 다시 인기를 끌고 있는데, 되도록 식당과 메뉴를 고를 때 폴란드인에게 도움을 받자.

주렉(소시지와 삶은 달걀을 곁들인 크림이 많은 사워 수프), 고웡프키

(속을 채운 양배추 말이), 플라츠키(감자전), 비고스(전통 스튜), 피에로기(주로 고기, 양배추, 흰 치즈로 속을 채운 만두) 등 먹어 볼 만한 맛있는 전통 요리가 많다.

[차와 커피]

폴란드에서 가장 많이 마시는 음료가 보드카라면 그다음이 차다. 폴란드인은 나이에 상관없이 차를 즐겨 마시며 주로 우유를 넣지 않은 채 레몬을 한 조각 곁들인다. 차와 우유를 함께 주문하면 주변에서 이상한 눈길을 보낼 수도 있는데 이는 대체로 임신했거나 모유 수유하는 여성이 차를 마시는 방법이라서 그렇다.

커피는 갈수록 인기가 늘고 있다. 다만 몇 가지 사실은 커피 애호가를 당황스럽게 한다. 폴란드인은 오랫동안 커피를 마시지도 접하지도 않아서 '튀르키예 커피(카파 포 투레쿠)'라는 잘못된 제조법으로 커피를 마셨다. 이 제조법은 커피 가루를 한두 숟가락 컵에 넣은 다음 그냥 끓는 물을 붓고 젓는 것이다. 다행히 요즘은 값싼 바 외에는 무작정 '튀르키예 커피'를 내오지 않는다. 튀르키예 커피는 마지막 한 모금까지 마시면 이 사이에 커피찌꺼기가 묻으니 조심해야 한다. 나이가 지긋한 폴란드인은 인스턴트커피도 즐기지만, 여전히 집에서 튀르키예 커피를 마신다. 오늘날 카페나 식당은 대체로 에스프레소 기계에서 커피를 내린다. 젊은 세대는 스타벅스 같은 대형 커피 매장에 가기를 꺼리며 색다른 커피를 판매하는 작은 커피전문점을 찾는다.

【술】

앞서 살펴봤듯이 보드카는 특별한 날 가정에서 혹은 파티에서 폴란드인이 즐겨 마시는 술이다. 여럿이서, 주로 남자끼리

밤이 되어 바를 찾은 바르샤바 사람들

카페, 식당, 술집에 모여 축하하며 마시는데 가볍게 마시는 술이 아니어서 맥주나 와인처럼 밖에서 자주 마시지는 않는다. 반대로 맥주는 최근 남녀노소, 지위에 상관없이 누구나 즐기며 젊은 세대가 가장 좋아하는 술이다.

폴란드 맥주는 매우 맛있다. 라거 맥주가 가장 흔하며 생산 지명을 딴 브랜드인 오코침, 지비에츠, 티스키에가 유명하다. 흑맥주, 향 맥주, 크래프트 맥주, 무알코올 맥주도 인기를 얻고 있다.

폴란드는 와인을 생산하지는 않지만 많은 사람이 즐긴다.

· 어디서 마실까 ·

폴란드에서 '바'는 술을 마시는 곳이 아니라 간단한 요기 거리를 파는 저렴한 가게로 카페와 식당 중간에 해당한다.

영국 같은 술집 문화는 없지만, 폴란드인은 술집을 활기차고 흥겨운 곳이라 여기며 갈수록 찾는 사람이 많다. 술로 목을 축이기에 가장 좋은 술집이나 카페는 주로 아늑하고 조용한 곳이다. 카페는 다른 곳보다 문을 일찍 닫으며 술집은 주로 오후 11시에 문을 닫는다. 간혹 아침까지 문을 여는 곳도 있다.

식당이나 주류판매점에서 질 좋은 발칸 반도 와인을 괜찮은 가격에 판매한다.

【 서비스 】

1980년대부터 90년대 초까지 폴란드는 서비스가 끔찍하다는 소문이 있었고 이는 대체로 사실이었지만, 오늘날 현실은 상당히 다르다. 대도시는 저렴한 바나 '드링크 바' 외에는 서유럽과 비슷한 수준의 서비스를 제공한다. 하지만 가끔 예전처럼 무례하고 손님을 기다리게 하는 서비스를 받을 때도 있다.

> ・ 팁 주기 ・
>
> 팁을 꼭 주어야 하는 것은 아니며 팁을 주는 손님도 거의 없다. 그래서 팁을 받은 직원이 유독 감사해하는 듯하다. 서비스가 마음에 들 때 10~20% 정도 팁이 적절하다.
>
> 팁을 주고 '고마워요'라고 말하면 잔돈을 못 받는다. 계산할 때 '고마워요(지엥쿠에)'라고 말하면 아마 직원이 함박웃음을 머금고 인사할 텐데, '잔돈은 안 주셔도 됩니다'라는 의미이기 때문이다.

밤 문화

도시마다 밤 풍경이 상당히 다른데 작은 마을은 밤이 되면 조용하다. 크라쿠프의 옛 시가지 광장은 술집을 돌며 새벽까지 마시는 사람들로 떠들썩하지만, 산업 도시인 카토비체는 오후 10시를 넘어 문을 연 가게를 찾기가 힘들 정도다. 하지만 폴란드 술집은 폐점 시간 규제가 느슨해서 많은 가게가 '마지막 손님이 계실 때까지' 문을 연다고 말한다. 바르샤바나 크라쿠프에서 오전 1, 2시까지 문을 연 가게를 찾기란 별로 어렵지 않다.

디스코장이나 나이트클럽은 오후 11시가 지나야 시작하며 그전에는 사람이 없다. 사람이 모이기 시작하는 시간은 오후 11~12시로 보통 오전 3시에 문을 닫는다. 나이트클럽은 대체로 20에서 30즈워티 정도 입장료를 받는다. 복장 규정이 엄격해서 험상궂은 가드에게 퇴짜맞지 않으려면 웹사이트에서 미리 복장을 확인해야 한다. 나이에 상관없이 폴란드인은 누구나 춤을 좋아하니 춤추기 편한 신발을 신고 가자.

폴란드의 대도시 상점은 유럽과 살짝 달라서 도심이나 옛 시가지의 값비싼 고급 부티크와 전문판매점이 카페, 식료품점, 기념품 가게를 같이 한다.

폴란드 시장은 꽃 시장, 농산물 시장, 없는 게 없는 대도시의 시장 등 종류가 다양해서 가볼 만하다. 통역 없이는 말이 안 통하니 폴란드 친구나 동료에게 괜찮은 곳을 물어본 다음 함께 가야 한다. 가격을 흥정해도 상관은 없지만, 어차피 가격

손으로 무늬를 그려 넣은 도자기 기념품

표대로 값을 치러야 해서 실랑이는 별 의미가 없다.

다른 유럽 국가와 비교하면 쇼핑 시간이 넉넉하다. 주요 거리의 가게는 주로 평일 오전 8시~오후 9시, 토요일 오전 9시~오후 3시까지 문을 연다. 마트나 쇼핑몰은 보통 평일과 토요일 오전 9시~오후 10시까지 문을 연다. 일요일은 그때그때 다르다.

일요일 영업을 금지하는 법률을 시행했지만 많은 편의점이 일요일 오전 10시~오후 6시까지 영업한다. 미술 갤러리나 대기실은 법의 적용을 받지 않아서 몇몇 가게는 대담하게도 폴란드 특유의 '우회로'를 사용해 가게에 페인트를 덧칠하고 갤러리인 척하거나 대기실로 보이려고 플라스틱 의자를 놓고 주말 내내 장사를 한다.

【 기념품 】

폴란드에서 외국인이 가장 많이 찾는 물건은 은, 호박, 보드카, 도자기, 크리스털, 수공예품이다. 폴란드 남부 볼레스와비에츠의 도자기와 레이스 식탁보도 무척 인기가 많다. 몇몇 폴란드 화장품과 피부관리 제품은 세계적으로 유명하며 지아자나 잉글롯에서 나온 제품이 괜찮다. 제품 가격이 다른 유럽 국가보다 저렴하지만, 옛 시가지 광장이나 호텔의 선물 판매점처럼

외국인을 대상으로 하는 가게는 시세보다 비싸기도 하니 주의
해야 한다.

통화

폴란드는 유럽연합에 속하지만, 유로화만 사용하지는 않는다.
국가 통화는 폴란드 즈워티[PLN]로 100그로시가 1즈워티다. 지
폐 권종은 10, 20, 50, 100, 200, 500즈워티로 나뉜다.

　주요 통화는 모든 도시에서 은행, 호텔, 폴란드어로 '칸토르'
라고 하는 환전 키오스크에서 손쉽게 환전할 수 있다. '칸토르'
는 안전하고 믿을 수 있는 환전소로 은행이나 호텔보다 환율
이 좋다. '칸토르'마다 환율이 조금씩 다르니 큰돈을 바꾼다면
비교해보고 결정해야 한다. 화면에 표시된 환율이 실제 환율
로 추가 비용은 없다. 큰돈을 바꿀 때는 온라인 환율도 함께
비교해보면 좋다. 500달러 이상 환전하면 공시 환율보다 우대
해주기도 한다.

　여행자 수표는 일반 가게에서 받지 않으므로 은행이나 숙
박 호텔에서 현금으로 바꿔야 한다. 은행 발급 카드는 유로넷

통신망에서 호환되므로 유로, 비자, 마스터 카드 모두 어디서나 통한다. ATM 기계는 은행은 물론 주유소, 쇼핑몰, 슈퍼마켓, 쇼핑 거리, 유명 여행지 등에서 쉽게 찾을 수 있다.

폴란드는 개인 수표를 사용하지 않으므로 큰돈을 송금할 때는 주로 은행을 이용한다. 장기간 폴란드에 체류한다면 폴란드 은행 계좌를 개설하는 게 좋다. 기본 서류만 있으면 외국인도 쉽게 계좌를 개설할 수 있다.

박물관

폴란드에는 멋진 박물관과 갤러리가 많으며 대부분이 큰 마을이나 도시에 있다. 입장료가 크게 비싸지 않으며 관람객은 주로 교양 있는 폴란드인, 외국인 관광객, 현장학습 온 아이들이다. 방문해볼 만한 장소로, 국립박물관, 빌라노프 궁전, 폴란드 유대인 역사를 다룬 바르샤바의 폴린 박물관, 야기에우워 대학교 박물관, 바벨성 박물관, 크라쿠프의 현대미술 박물관인 모차크 박물관, 그단스크의 제2차 세계대전 박물관이 있다.

바르샤바 왕실 욕조 공원 안 신고전주의 양식의 와지엥키 궁전 박물관

그단스크 제2차 세계대전 박물관을 대표하는 기울어진 탑과 유리 외벽

중세 때 지어진 초르슈틴 호숫가의 니에지차성은 역사박물관이 되었다

예술 공연

【 폴란드 극장 】

극장은 폴란드 문화에서 특별한 역할을 해왔다. 공산정권 시절에는 많은 극작가가 정치 검열을 피해 검열관 모르게 체제를 비꼬는 내용을 대본에 담았다. 오늘날에도 극장은 전통적이든 실험적이든 현대적이든 세대와 무관하게 폴란드인 모두에게 사랑받는다. 몇몇 극장은 세계적 찬사를 받으며 모든 폴

크라쿠프의 19세기 절충주의 양식의 율리우시 스워바츠키 극장

란드 도시에는 골라볼 수 있을 만큼 극장이 많다. 비트키에비치 극장은 연인이 갈 만한 실험적 극장으로 자코파네의 유서 깊은 산악휴양지 안에 있다. 모든 공연 레퍼토리가 폴란드어로 되어 있지만, 충분히 가볼 만한 곳이다.

폴란드 문화가 지닌 모순을 그대로 보여주는 극장이 카바레로, 흔히 알려진 대로 춤추고 노래하는 공간과 사회를 풍자하고 공연하는 공간이 섞여 있다. 크기는 조그만 식당에서 대규모 극장까지 다양하고 공연이 텔레비전 방송으로도 자주 나온다. 공연자는 정치인부터 연예인까지 그 대상을 가리지 않고 풍자한다. 하지만 주로 개인보다 폴란드라는 나라 자체를, 더 정확하게는 폴란드다움을 비꼰다. 하지만 폴란드를 풍자하면서도 폴란드에 대한 자부심을 놓지 않는 선을 절묘하게 지킨다.

【 오페라와 발레 】

공산주의 시절 정부는 누구나 고급문화를 누려야 한다며 밤이 되면 광부와 공장 노동자를 발레나 오페라 공연에 데려갔다. 이 실험의 성과는 변변치 않았지만, 긍정적 결과가 하나 있었으니, 바로 저렴한 공연 가격이었다. 폴란드의 발레, 오페라는 매우 수준이 높지만, 여전히 누구나 고급문화를 누릴 수 있도록 정부가 보조해 공연 가격을 낮추었다. 공연 목록에는 폴란드와 전 세계 작곡가의 작품이 모두 포함된다. 자체 발레, 오페라 공연장을 가진 도시가 많고 특히 바르샤바의 그랜드 시어터(테아트르 비엘키)는 유럽에서 가장 큰 공연장에 속하며 오페라, 클래식 음악, 발레 공연의 본고장으로 유명하다.

【 폴란드 힙합 】

폴란드 인기 음악을 들어보면 세계적으로도 인기 있는 음악일 때가 많지만 폴란드 래퍼처럼 폴란드에서 생겨난 인기 음악인도 있다. 1990년대 중반, 도시의 젊은 세대가 즐기던 폴란드 힙합은 시작은 볼품없었지만, 오늘날 폴란드 음악의 주요 장르로 발전해 폴란드 전역에 수많은 팬을 거느리고 있다.

【 영화 】

도시에는 영화를 즐기는 사람이 많으며, 특히 젊은 세대가 그렇다. 쇼핑몰에 흔히 멀티플렉스 관이 있을 정도로 영화관도 충분하다. 폴란드에서 영화를 보려는 여행객에게 반가운 소식은 외국어 영화가 더빙 없이 원래 소리대로 폴란드어 자막과 함께 상영된다는 것이다. 하지만 작은 마을은 도시만큼 설비를 갖춘 영화관이 드물다.

폴란드는 로만 폴란스키, 안제이 바이다, 고인이 된 크지슈토프 키에실로브스키 등 세계적으로 명망 있는 감독이 많다.

야외 활동

폴란드인은 야외 활동을 사랑한다. 바르샤바의 겨울은 그렇게 보이지 않지만 화창한 날 국립 공원이나 지역 공원을 거닐면 알 수 있다. 여름, 겨울 할 것 없이 스포츠마니아를 위한 활동이 많다.

【 걷기와 하이킹 】

걷기와 하이킹은 인기가 많은 취미다. 산책로가 말끔하고 안내 지도도 보기 편하다. 산책 목적지는 주로 국립 공원이나 역사 유적지다. 폴란드 동부, 벨라루스 국경에 자리한 비아워비에자 국립 공원은 유럽에서 가장 큰 평지림으로 사람의 손길이 닿지 않아 숲속 산책을 즐기는 사람에게는 천국이나 다름없다.

타트리, 수데티, 피에니니, 비에슈차디 산맥은 모두 폴란드 남부에 있으며 깔끔한 산책로와 여러 숙박 시설이 있어 하이킹하기에 좋은 지역이다. 산을 오가다 만나는 사람끼리는 '안녕하세요(진도브리)'나 '안녕(체시치)' 하고 인사를 건네는 게 예의다.

쿠지니체에서 타트리산맥 서쪽 줄기인 카스프로비 비어치 정상까지 사시사철 움직이는 케이블카

특히 주말이 되면 도시의 공원은 요가하는 사람, 느긋하게 산책하는 사람, 달리는 사람, 사이클 타는 사람으로 붐빈다.

【 사이클 】

최근 취미로 사이클을 타는 사람도 많아지고 깔끔한 자전거 도로가 늘어났다. 대도시에는 자전거 도로가 많아 자전거로 어디든 손쉽게 갈 수 있으며 자전거 도로가 없으면 차도로 달려도 괜찮다. 인도에서 자전거를 타는 것은 불법으로 벌금을 부과하므로 삼가야 한다. 농촌에서는 여전히 자전거를 취미보다 실생활 용도로 사용한다.

폴란드 도시 어디든지 앱으로 자전거를 대여할 수 있다. 소셜미디어를 통해 자기 수준에 맞는 자전거 동호회를 찾을 수 있으며 따로 참가비 없이 라이딩에 참가할 수 있다.

자전거를 세워둘 때는 반드시 잠금장치를 해야 한다. 폴란드에는 자전거 도둑이 활개 치기 때문이다.

【스키】

폴란드 남부 산악 지역은 어디든지 산악 스키 시설이 있다. 그 가운데 타트리산맥은 가장 고도가 높고 시설이 뛰어나며 눈 상태도 좋다. 하지만 서유럽 리조트에서 스키를 즐기던 사람이라면 리프트나 제설 장비 수준이 생각만큼 좋지 않고 리프트를 타기 위해 오래 기다려야 하는 등 실망할 수도 있다.

【보트】

마주리 호수는 바르샤바 북동쪽 100km쯤 떨어져 있으며 보트를 타기 좋은 곳이다. 무더운 여름이 되면 호수 주변은 보트를 타러 온 사람들로 북적인다. 보트와 선원을 함께 빌릴 수도, 보트만 빌릴 수도 있다.

　발트해에서도 보트를 탈 수 있지만, 풍랑이 있고 날씨가 자주 바뀌어서 주말에 잠깐 보트를 타기에는 호수가 낫다.

07

여행, 건강, 안전

주요 도시를 오가는 교통수단은 빠르고 안전하고 저렴하지만, 인적이 뜸한 지역을 간다면 아쉽지만 흥미로운 문화 체험 외에는 상당히 고된 여행이 될 것이다. 하지만 자본이 유입되면서 도로망이 차츰 좋아지고 있다.

폴란드에서 이동하는 일은 목적지가 어딘지에 따라 고된 경험이 되기도 한다. 다행히 주요 도시를 오가는 교통수단은 빠르고 안전하고 저렴하지만, 인적이 뜸한 지역을 간다면 아쉽지만 흥미로운 문화 체험 외에는 상당히 고된 여행이 될 것이다. 하지만 자본이 유입되면서 도로망이 차츰 좋아지고 있다.

입국 방법

포즈난, 슈체친, 카토비체, 브로츠와프, 비드고슈치 등 여러 도시에 국제공항이 있지만, 비행기로 폴란드에 입국하면 아마도 바르샤바나 크라쿠프 공항으로 들어갈 것이다. 현재 바르샤바는 국제공항이 두 군데여서 도착이나 출발할 때 어느 공항인지를 반드시 확인해야 한다. 새로 지은 바르샤바 모들린 공항은 유럽 국가를 잇는 저가 항공사 노선이 오간다. 그보다 먼저 지은 바르샤바 쇼팽 공항은 도심과 가깝고 설비가 우수해서 주요 항공사 노선이 오간다. 공항과 빈, 베를린, 프라하, 부다페스트 등 폴란드와 다른 유럽 도시를 연결하는 도시 간 열차가 운행한다.

미국 시민권자와 유럽연합 국적자는 방문 목적으로 90일까지 비자 없이 체류할 수 있다. 그러나 폴란드의 유럽연합 가입 이후 입국 요건이 계속 달라지고 있다. 따라서 출국 전에 다시 한번 비자 정보를 현지 폴란드 영사관을 통해 확인해보도록 하자.

【 세관과 여권 심사 】

유럽연합 국가들과 절차가 같으며 복잡하지 않다. 외화 소지 신고서나 마구잡이식 세관 검열은 이제 옛이야기다. 유럽연합 가입국 사이에 자유롭게 여행이 가능한, 이른바 셍겐 지역에서 온 여행자라면 그 외 지역에서 온 여행자보다 여권 심사 과정이 간단하다.

이동하기

【 열차 】

폴란드에는 다섯 가지 열차(포치옹그)가 있다. 익스프레스 인터시티 프리미엄, 인터시티/유로시티, 고속열차(에크스프레소비), 급행열차(포시피에슈니), 통근 열차(오소보비)이다.

익스프레스 인터시티 프리미엄은 가는 곳이 많지 않으며 가장 가격이 비싸다. 하지만 그만큼 빠르고 쾌적하다. 차량으로 펜돌리노 열차(이탈리아에서 만든 고속열차 - 옮긴이)를 사용해 시속 290km에 가까운 속력을 내며 바르샤바에서 크라쿠프까지 2시간 20분 만에 주행한다. 가격이 인터시티/유로시티보다 약간 비싼 정도여서 생각해볼 만하다. 일찍 구매할수록 할인율이 높다.

인터시티는 폴란드 주요 도시를 무정차로 오가며 유로시티는 폴란드와 다른 유럽 도시를 연결한다. 둘 다 빠르고 가성비 좋은 교통수단으로 상당히 쾌적하며 무료로 커피와 차를 제공하고 식당칸도 따로 있다. 일등석과 이등석 모두 예약이 필수다.

고속열차는 인터시티처럼 빠르면서도 더 많은 폴란드 도시를 연결한다. 하지만 객실이 낡고 무료 커피와 차를 제공하지 않고 바가 있는 객차는 셀프서비스다. 마찬가지로 일등석, 이등석 모두 예약해야 한다.

급행열차는 인터시티나 고속열차와 비슷한 경로를 오가지

만 정류장이 더 많다. 객실 수준은 상당히 열악한 편이며 바객차는 있기도 하고 없기도 하다. 예약이 필수는 아니나 사람이 많이 몰리는 시간대, 붐비는 노선은 예약하는 편이 낫다.

통근 열차는 느리고 북적이고 열악하기로 유명하다. 하지만 최근 낡은 객차를 대부분 새 객차로 교체하면서 에어컨, 충전 포트, 깔끔한 화장실에 종종 무료 와이파이까지 갖춘 차량도 생겼다. 하지만 먼 지역으로 가는 차량은 여전히 옛 객차일 때가 있다. 평균 속도는 시속 30km쯤으로 인구가 여덟에 사람보다 기르는 소가 많은 시골처럼 작은 마을을 포함해, 모든 마을에 정차한다. 자동차를 이용하지 않고 작은 마을이나 도시에 가려면 아쉽지만, 통근 열차를 타는 것 말고는 방법이 없다.

기차역에 있는 카운터, 여행사, 승차권 판매기에서 모든 열차의 승차권을 판매하며 승차권을 못 사면 추가 요금을 내고 타야 한다. 노선은 같은데 열차가 다르기도 하니 제대로 구매했는지 꼭 확인하자. 밤에 이동하거나 국외 노선을 이용할 때는 짐을 도둑맞지 않게 조심해야 한다.

장거리 열차 객실에서는 보통 들어갈 때 '안녕하세요(진 도브리)', 나올 때 '안녕히 계세요(도 비제니아)' 하고 인사한다. 자리를 미처 예약하지 못했을 때는 덥석 빈자리에 앉기 전에 자리

가 비었는지(볼네) 묻는 게 예의다. 자전거나 개를 데리고 탈 수도 있지만, 승차권을 살 때 추가 운임이 있는지 미리 확인해야 한다.

【자동차】

도심이 아닌 곳을 갈 때 가장 편리한 수단은 자동차다. 하지만 폴란드 도로나 운전자들 때문에 운전이 만만치 않으므로 폴란드인이 대신 운전해주면 좋다. 고속도로 건설에 많이 투자했지만 도로 사정이 여전히 좋지 않아 폴란드가 아직 서유럽 국가와 비교하면 경제 발전이 더디다는 사실을 알 수 있다. 폴란드 운전자는 상당히 거친 편이어서 좁은 도로를 움푹 파인 부분을 피하며 시속 100km로 달리면서도 눈 하나 깜짝하지 않는다.

유럽 운전면허증 소지자는 별도의 추가 서류 없이도 폴란드에서 운전할 수 있다. 유럽 운전면허증이 없다면 출국 전 미리 국제운전면허증을 발급받도록 하자.

도로 안내와 표지판이 유럽 표준 방식이어서 유럽 운전자가 아니라면 운전자 지침을 미리 숙지해야 한다. 마지막으로 도시의 트램 노선을 주의해야 한다. 트램은 도로 위에서 언제나 우선권이 있으며 철로가 젖거나 얼면 차로 지나갈 때 위험할 수 있다.

대부분 마을과 도심은 평일 오전 8시부터 오후 8시까지 거리 주차에 주차료를 부과한다. 주위의 주차 기계에서 주차 시간을 선택해 주차권을 발급받고 차량 내 잘 보이는 곳에 주차권을 두어야 한다. 결제는 현금, 카드, 앱 모두 가능하다. 주말과 공휴일에는 대부분 지역에서 거리 주차가 무료다.

【 버스 】

폴란드 버스 여행은 에어컨을 쐬며 빠르게 이동하는 쾌적한 시간이 될 수도 있고, 덜컹대는 도로 위를 달리며 북적이는 사람들 틈에 서서 찌는 듯한 더위나 몸이 덜덜 떨리는 추위를 견디며 인내심을 시험하는 시간이 될 수도 있다. 실수로라도 고된 문화 체험을 하지 않으려면 승차권 구매는 여행사에 맡기는 편이 좋다.

하지만 서유럽에서 폴란드로 들어가는 버스 노선은 최신형 고급 차량이 배정되어 있고 당연히 쾌적하다. 버스는 열차보다 약간 느리긴 하지만 가격이 상당히 저렴하다. 그래서 폴란드 학생들이 여행을 갈 때 주로 선택하는 교통수단이다. 바르샤바에서 크라쿠프로 가는 편도 행이 4시간 반 정도 걸리며 50 즈워티(약 만 오천 원)밖에 들지 않는다.

【 비행기 】

최근, 특히 주말 비행기표 가격이 상당히 저렴해졌다. 하지만 문제는 시간이다. 예를 들어 바르샤바에서 크라쿠프로 비행기를 타고 가면, 공항에 도착해서 탑승수속을 하고 목적지 공항에 도착해서도 택시로 갈아타야 해서 결국 열차로 갈 때보다

시간이 더 걸린다. 인터시티나 고속열차를 타면 바르샤바 시내에서 크라쿠프 시내까지 2시간 반 만에 도착하는 반면, 비행기를 타면 공항을 오가는 데만 한 시간 이상 걸려서 열차만큼 빠르게 가기는 어렵다. 가장 적절한 교통수단을 찾으려면 현지 여행사에 의뢰하는 편이 좋다.

현지 교통수단

【 대중교통 】

대중교통은 지역마다 수준이 크게 다르다. 대도시의 대중교통은 저렴하고 효율적이며, 트램과 버스가 가장 흔한 교통수단이다. 공산정권 시절의 트램과 버스를 지금은 대부분 에어컨이 달린 최신 모델로 교체했다. 바쁠 때는 교통 체증을 피할 수 있는 트램이 좋다. 운행 시간은 둘 다 평일과 토요일 오전 4시쯤부터 자정까지로 일요일과 공휴일에는 운행 간격이 뜸해진다. 평일 대도시에서는 10, 15분 이상 기다릴 필요가 없다. 지하철(메트로)은 수도 바르샤바에만 있으며 남북과 동서를 잇는 두 개 노선이 있다.

바르샤바의 밤, 지하철 출입구

　도시마다 시내 대중교통 가운데 무엇이든 탈 수 있는 승차권을 판매한다. 승차권(빌레트)은 주요 거리마다 설치된 키오스크나 주요 역 매표소에서 판매한다. 미리 사지 못했다면 버스나 트램 안에 설치된 기계에서 구매한다. 버스나 트램에 탑승하면 인증 기계에서 승차권을 확인해야 한다. 어떻게 해야 할지 모르겠다면 다른 승객이 하는 대로 따라 하자. 모빌레트, 엠페이, 스카이캐시 같은 앱이나 zBiletem.pl, jakdojade.pl 같은 사이트에서 일회용 또는 다회용 승차권을 살 수도 있다. 하지만 종류에 따라서 탑승 후 QR코드로 인증을 해야 하니 구매시 지시사항을 잘 숙지해야 한다.

장기간 체류하는 사람을 위해 일주일이나 한 달짜리 정기권도 키오스크나 우체국에서 판매한다. '잠행' 검표원이 무작위로 표를 점검하며 무임승차 벌금이 대중교통 요금만큼 저렴하지는 않으니 절대 무임승차하지 말자.

【택시】

택시는 도시에서 이동할 때 빠르고 효율적이며 가성비 좋은 교통수단이다. 대도시에는 택시가 매우 많아 택시를 잡으려고 오래 기다리지 않아도 된다. 하지만 몇 가지 주의사항이 있다.

우선, 택시 기사는 대개 정직하고 외국인이라고 속이지도 않지만, 공항이나 기차역에서는 다르다. 공항 출입구를 배회하며 택시를 탈 것인지 묻는 택시 기사는 무조건 피해야 한다. 아니면 원래 쉽게 갈 길을 한참 돌아가고 만다. 공항 출입구 주변에 있는 택시 안내데스크로 가면, 안내 직원이 적정한 가격에 택시를 불러준다. 바르샤바 국제공항의 택시 안내 시스템은 훌륭하다.

영어를 구사하는 택시 기사가 많지 않아서 폴란드어를 모른다면 목적지를 미리 종이에 적어 기사에게 보여주는 게 좋다. 온라인이나 전화로 택시를 예약할 때는 영어가 가능한 기사를 보내달라고 요청하자.

자동차 외부에 회사명이나 전화번호를 표시하지 않은 택시는 절대 타지 말아야 한다. 지붕에 택시 간판만 있는 차는 피하고 다른 택시를 알아보자. 콜택시를 부르는 게 현명하다. 웨이터, 호텔 안내원 등 부탁하면 누구나 선뜻 택시를 불러준다.

폴란드법에 따라 택시 요금을 창문에 표시해야 한다. 대신 야간이나 일요일, 공휴일, 시외로 운행할 때는 추가 요금이 발생한다. 팁을 요구하지는 않지만, 요금을 반올림해서 내면 좋

그디니아의 플러그인 하이브리드 전기 택시

아한다.

아울러 폴란드 전역에서 우버, 볼트, 프리나우 같은 앱 서비스를 제공한다. 이런 서비스는 대개 안전하지만, 기사가 영어를 하리라는 보장은 없다. 앱을 통해 택시 외에 자전거나 스쿠터 같은 다른 교통수단도 이용할 수 있으며 음식 배달 주문도 할 수 있다.

카셰어링은 폴란드에서 흔하지 않지만, 대도시에 서비스를 제공하는 회사가 몇 개 있다. 가장 인기 있는 것은 트라피카이다. 공유 자전거와 전기 스쿠터 시스템이 잘 갖춰져 있어서 폴

크라쿠프의 마차

란드 어디든지 이용할 수 있다.

옛 시가지 광장에는 항상 말이 끄는 마차가 있다. 이는 주로 관광객을 위한 것이지만 결혼식 날 신혼부부가 타기도 한다.

숙박

폴란드의 숙박 시설은 각양각색이다. 어느 시설이든 안전과 위생 수준이 높은 편이다.

여느 유럽 국가처럼 폴란드도 호텔을 1성급부터 5성급까지 다섯 단계로 구분하지만, 이는 어디까지나 참고 사항으로 실제 환경은 다를 때가 많다. 그보다는 가격을 기준 삼아 고가, 중간가, 저가 세 가지로 구분해 비교해볼 수 있을 듯하다. 참고로 호텔에서 불쾌한 일을 겪지 않으려면 온라인 후기 확인이 가장 좋은 방법이다.

【 고가 숙박 시설 】

최근 폴란드 호텔업은 엄청나게 성장했다. 호텔 수준은 서유럽과 비슷하지만, 호텔 수가 늘어나면서 가격이 저렴해졌다.

외국 호텔 체인도 있고 조금 더 폴란드 문화를 가깝게 체험할 수 있는 현지 고급 호텔도 있다. 발트해의 소포트나 타트리 산맥의 자코파네 같은 휴양지를 방문할 시간과 여유가 있다면 이런 호텔에서 며칠 밤 묵는 것도 멋진 경험이 될 것이다.

【 중간가 숙박 시설 】

대부분이 공산정권 시절에 지어져 칙칙한 중간 가격대 호텔은 다행히 소박하고 청결한 현대 호텔 체인으로 바뀌었다. 게다가 비슷한 가격대에 개인이 운영하는 작은 호텔도 많다. 옛 시가지에 자리한 이런 호텔은 대형 호텔보다 친근하고 아늑하지만 실망스러울 수도 있다. 폴란드인에게 괜찮은 호텔을 추천해달라고 하거나 온라인 후기를 확인하면 고르기 수월하다.

이 가격대에서 가장 저렴한 시설은 펜션(펜시오나트)이다. 작은 마을이나 관광 휴양지에 있으며 건물이 낡고 저마다 개성이 뚜렷하다. 조식이 가격에 포함된 경우가 많고 세끼 식사를 모두 제공하는 곳도 있다.

【 저가 숙박 시설 】

학생 호스텔이 대부분이다. 대도시에는 학생 호스텔이 많지만,

그 외 지역에는 별로 없다. 사람이 몰려서 빈 객실이 없을 때가 많다. 통금 시간이 엄격하므로 주의하자!

마지막으로 개인 숙박이나 공유 숙박을 인터넷 사이트에서 구할 수 있다. 북킹닷컴, 에어비앤비, 카우치서핑 같은 업체가 인기도 많고 믿을 만하다. 그러나 다른 숙박 시설과 마찬가지로 예약하기 전에 신중히 후기를 확인해야 한다.

의료

다른 유럽 국가처럼 기본 진료나 입원은 공공 의료 체계 안에서 이루어진다. 하지만 응급 상황이 아닌 한 진료 대기 시간이 너무 길어 여유 있는 폴란드인은 가벼운 증상이나 통증을 다스리기 위해 개인 의료 보험에 따로 가입한다. 대기 시간이 2년까지 길어질 때도 있지만 공공 병원과 의료진의 수준은 상당히 높다.

폴란드를 방문하는 유럽연합 국적자라면 유럽 건강 보험 카드EHIC를 반드시 챙겨야 폴란드 공공 의료 체계의 도움을 받을 수 있다. 영국 등 유럽연합권 밖에서 온 외국인은 여행

전에 따로 의료 보험에 가입하는 편이 좋다. 개인 의료 보험 회사는 내외국인 할 것 없이 같은 비용을 청구하기 때문이다. 보험 비용이 다른 나라보다 눈에 띄게 낮아서 폴란드로 오는 의료 관광객이 늘고 있다. 개인 치과 비용도 상당히 저렴하며 의료 시설과 장비, 위생과 의료진 수준이 훌륭하다.

폴란드에는 인구 대비 전 세계 그 어느 나라보다 약국이 많다. 십자가 표시가 달린 아프테카(약국) 간판을 한 번 찾아보자. 표준 의약품을 빠짐없이 갖추었고 약품명도 다른 나라와 비슷하다. 약사들은 대화가 가능할 만큼 영어를 구사하는 편이며 가벼운 증상은 처방전 없이도 약을 처방해준다.

치안

폴란드는 딱히 치안이 불안한 나라는 아니지만, 더없이 안전했던 공산정권 시절보다는 치안이 나빠지고 있으며 많은 폴란드인이 외신으로나 보던 사건을 접하며 충격을 받고 있다.

전반적으로 여전히 안전하지만 몇 가지 주의사항이 있다. 밤에는 걷는 대신 택시를 타야 하며, 북적이는 곳은 소매치기를 조심해야 한다. 폭력 범죄는 드물지만 안타깝게도 소매치기 같은 경범죄는 폴란드의 골칫거리다. 특히 북적이는 도심이나 대중교통에서 자주 소매치기가 발생한다. 귀중품은 항상 몸에 지니고 가방을 둔 채 자리를 비우지 말자. 야외에서, 특히 노천카페나 술집에서 훤히 보이는 곳에 지갑, 핸드백, 휴대전화를 내려놓지 말아야 한다.

축구 경기 시작 전후에는 축구팬과 마주치지 않는 게 좋고, 술집에서 외국인에게 관심을 보이는 폴란드인 취객은 피해야 한다. 해를 끼치지는 않지만, 곁에서 계속 귀찮게 굴 수 있으니, 적당히 핑계 대고 벗어나자.

문제가 생기면 112로 전화해 응급서비스를 요청하거나 997로 전화해 경찰의 도움을 받자. 경찰이나 응급 의료진은 대개 믿음직하며 요청에 즉시 응답한다.

08

비즈니스 현황

얼마 전만 해도 폴란드 내 외국계 회사의 경영진은 대부분 외국인이었다. 그러나 이제는 외국계 회사에도 우수하고 노련한 폴란드인 경영진이 많다. 이들은 외국인과 가깝게 교류하며 업무를 익힌 덕에 폴란드 사정에 어두운 외국인들보다 경쟁에서 유리하다.

폴란드에 체류하는 외국인은 대개 기업인으로 얼마 전만 해도 폴란드 내 외국계 회사의 경영진은 대부분 외국인이었다. 그러나 최근 달라지기 시작하더니, 이제는 외국계 회사에도 우수하고 노련한 폴란드인 경영진이 많다. 이들은 외국인과 가깝게 교류하며 업무를 익힌 덕에 폴란드 사정에 어두운 외국인들보다 경쟁에서 유리하다. 폴란드인의 비즈니스 문화를 알아야 기업인으로서 성공한다는 뜻이다.

얼핏 보면 폴란드의 비즈니스 문화는 인맥에 기대는 공산정권 시절 문화와 상대를 몰아붙여 강매하는 미국식 문화가 뒤섞인 듯하다. 그런 측면도 없지 않아 있지만, 사실은 암묵적 규칙이 숨어있으며 두루 통하는 것과 그렇지 않은 것이 있다.

폴란드 기업인

폴란드 기업인은 두 부류가 있다. 우선 젊은 세대는 학력이 높고 영어가 유창하며 외국식 비즈니스에 익숙하다. 반대로 나이 든 세대는 공산정권 시절 몸집이 큰 공기업에서 일한 경험이 있다.

【 나이든 보수파 】

점차 그 수가 줄고 있지만, 폴란드인 경영진 가운데 여전히 8,
90년대 공기업 경영진 출신이 있다. 우선 이들을 오늘날 기업
환경에 무지한 공산주의 유물에 불과하다고 성급하게 단정 짓
지 말자. 분명 그런 사람도 있지만, 대부분은 예전 경험을 살
려 오늘날 비즈니스 환경에 잘 적응했다. 게다가 이들은 폴란
드 비즈니스의 핵심이라 할 인맥을 적재적소에 두었다.

이들을 만날 때는 젊은 기업인을 만날 때보다 더 예의를 갖
춰야 한다. 미리 좋은 식당을 예약하고 상대가 허락하기 전에
는 이름이 아닌 성으로 상대를 불러야 한다.

이들을 관찰하면 오늘날 폴란드 비즈니스 내부가 어떻게
돌아가는지 잘 보인다. 즉, 변화하는 폴란드 비즈니스 환경을
헤쳐나가려면 무엇보다 인맥이 풍부해야 한다. 특히 폴란드 기
업이 자주 부딪히는 번거로운 행정 절차를 해결하는 데 인맥
은 큰 도움이 된다.

절차가 번거로워 곤란한 것은 폴란드인도 마찬가지다. 실제
로 수많은 규제가 모순이며 날마다 바뀌는 듯하다. 세금 관련
규제는 특히 심하다. 폴란드가 유럽연합에 가입하면서 폴란드
의 세금 규제도 유럽연합 표준을 따라가기를 많은 폴란드인이

바랐지만 결국 서류 작업만 늘어났다. 폴란드 정부는 문제가 복잡해지면 명확한 규제를 제시하기보다 담당 공무원이 '마음 대로' 상황을 해결하도록 부추겼고 이는 결국 공무원 부패로 이어졌다.

【 젊은 소장파 】

폴란드에는 MBA 졸업생을 비롯해 비즈니스 관련 학위를 지 닌 대학 졸업자가 많으며 덕분에 젊은 인재가 넘친다. 여기서 핵심은 경험이다. 지식에 더해 적절한 실무 경험만 쌓으면 이 들은 어디서든 기회를 얻을 것이다. 실제로 이들은 하루 10시 간 이상 일하며 부족한 국제 경험을 노력과 의지로 채우고 있다.

이 새로운 유형의 기업인은 서구식 교육을 받았고, 현지 사 정에 밝으며, 앞선 세대가 남긴 게임의 규칙을 잘 이해해, 이를 하나로 합쳤다. 그 덕분에 폴란드는 공산정권 붕괴 후 신흥 경 제국이라는 현실에 적절히 대응하면서, 줄곧 경제를 성장시킬 수 있었다.

【 창업가 정신 】

유럽에서 폴란드만큼 창업가 정신이 넘치는 나라를 찾기란 쉽지 않다. 1989년 공산정권이 무너지면서 개인 창업에 관한 제한이 풀리자 사람들은 농산물 좌판, 길거리 핫도그 같은 소규모 창업부터 전국 규모의 체인까지 너나 할 것 없이 창업에 뛰어들었다. 저임금과 생활고로 따로 살길을 찾아야 했던 경제 상황도 창업 열풍에 한몫했다. 마트나 대형 체인과 경쟁하며 살아남은 작은 가게가 아직은 많은 편이다.

【 비즈네스멘 】

폴란드어로 남성은 비즈네스만, 여성은 비즈네스만카라고 부르며, 이는 주로 수상한 사업가들을 가리키는 말이다. 이들은 옷차림이 괴상하고 미심쩍은 사업을 하면서 BMW나 벤츠 같은 외제차를 훔치거나 중고로 사는 데 재산을 탕진한다. 멀쩡한 사업을 하는 외국인은 마주칠 기회가 별로 없겠지만 만약 그들과 마주치면 조심해야 한다.

폴란드 비즈니스 문화

【 위계질서 】

공산정권 시절 공기업은 위계질서가 심했다. 당연하지만 지금도 공기업은 위계질서가 엄격하며 민영화된 기업도 경영진이 바뀌지 않아 문화는 예전 그대로다.

위계질서가 성립하고 경영진이 자리를 지킬 수 있는 이유는 외부인이 권력에 접근할 수 없도록 충직한 아래 직원들이 주위에 벽을 세우고 감시하기 때문이다. 이런 기업은 이제 많지는 않지만 주로 대기업이며 위계질서가 견고하다. 이 기업의 직원과 일할 때는 먼저 의사결정권자가 누구인지 알아내고 되도록 상급자와 직접 소통해야 한다. 이는 정부 부처와 일할 때도 마찬가지다.

예전 문화가 조금 남아있기도 하지만 대부분 기업의 상황은 무척 다르다. 젊은 폴란드인이 다니는 외국계 회사는 위계질서가 약하고 의사소통이 자유롭다. 하지만 의사결정만큼은 여전히 상급자의 지시를 따르는 곳도 있다.

앞서 살펴봤듯이 공산정권 시절 개인 인맥은 필수였고, 오늘날 폴란드 사회에서도 큰 역할을 한다. 게다가 비즈니스에서는 인맥이 더 중요하다. 적재적소에 지인이 있다면 필요한 제품, 인물, 장소를 손쉽게 찾고 번거로운 행정 절차를 피하고 통관도 금세 하는 등 비즈니스가 훨씬 효율적으로 돌아간다. 만약 누가 도움이 될 친구가 있다고 말한다면 이는 인맥을 소개해주겠다는 뜻이다.

【 뇌물과 부패 】

폴란드에 부패가 남아있다는 사실은 명백하지만, 일상생활에 영향을 미치지는 않는다. 2022년 국제투명성 기구에 따르면 폴란드의 부패 인식지수는 180개국 가운데 45위였다. 하지만 유럽연합 자본이 폴란드 비즈니스로 흘러들면서 부정부패의 기회가 새롭게 생겨났다. 외국인에게 조언하자면, 항상 청렴하고 정직하게 일해야 하며 아무리 좋은 기회가 와도 원칙을 지켜야 한다.

　누군가에게 단지 고마워서 작은 '선물'을 건네는 것은 뇌물이 아니다. 외국에서는 뇌물로 의심을 살 만한 선물도 폴란드에서는 평범한 비즈니스 활동에 속하기도 한다. 만약 따로 비용을 내지 않았는데 누군가 생각보다 큰 도움을 주었고 당신이 고맙다고 느낀다면 선물을 해도 좋다. 선물로 저녁 식사 초대나 술 한 병, 작은 기념품은 괜찮지만, 현금은 안 된다. 여느 선물과 다르게 현금은 뇌물로 취급한다.

[비즈니스 복장]

폴란드가 실리콘 밸리가 아니라는 사실은 기업인의 복장에서 보인다. 가벼운 옷차림으로 회사에 출근하는 사람은 별로 없고 다들 정장을 입는다. 좋든 싫든 폴란드 기업에서는 겉모습으로 상대를 평가한다. 따라서 단정하게 입고 회의에 참석하면 상대를 존중하는 태도로 비친다. 깔끔하고 감각 있는 정장은 언제나 좋은 인상을 남긴다. 하지만 최근에는 많은 기업이 복장 제한을 완화하는 쪽으로 바뀌고 있다.

첫 만남

문화 차이를 경험해 본 사람에게 폴란드의 비즈니스 회의는 특이하거나 난해하지는 않을 것이다. 하지만 첫 회의라면 생각보다 간단하지 않을 수도 있다. 폴란드 경영진은 대개 개인 비서가 있어 이들이 문지기 역할을 하는데, 가깝게 지내면 상당히 도움이 된다. 친해지려면 선물을 건네기보다는 그들의 일에 진지하게 관심을 보이거나 폴란드에 관해 질문하는 편이 낫다.

【 힘겨루기 】

사업상 만나자고 해서 사무실로 갔는데 5~15분쯤 기다리는 것은 폴란드에서 흔한 일이다. 아마 안내 직원은 당사자가 다른 사람과 있거나 전화 통화를 하고 있다고 둘러댈 것이다. 사실 이는 상대에게 권위를 과시하고 관계에서 우위를 차지하려는 책략이다.

권력을 과시하는 다른 방법은 두 사람이 하는 회의인데도 대형 테이블이 있는 회의실에서 만나 상대를 난처하게 만들고 기죽이는 것이다.

【 인사 】

첫 만남에서 자기 성과 이름을 함께 소개하고, 성별에 상관없이 악수하며 인사한다. 이윽고 분위기가 누그러지면 명함을 건

낸다. 앉은 자리에서, 지위에 상관없이 모두에게 명함을 건네야 한다. 그 외에는 4장에서 살펴본 일반 사회 규범을 따른다.

【 회의장소 】

일대일이나 소규모 회의는 주로 사무실에서 열린다. 대규모 회의는 주로 두 회사의 중간쯤 위치한 고급 호텔에 회의실을 잡는다.

최근 음식점에서 점심이나 저녁 식사를 함께하는 회의가 많아졌는데 세부 사항 논의보다 친목 도모가 목적일 때가 많다. 사업 이야기도 나누지만, 잡담과 함께 가볍게 언급하는 수준이다. 식사 비용은 주로 회의 주최자가 내며 상대와 함께 나눠 내는 것은 이상하게 생각한다.

회의를 열기 전 상대에게 괜찮은 식당을 추천해달라고 하자. 폴란드 전통 요리에 관심을 보이면 상대의 호감을 살 수 있고 폴란드를 배울 기회도 얻을 수 있다. 폴란드에 관해서라면 무엇이든 질문해도 좋다. 폴란드 역사나 문화를 잘 모른다고 부끄러워할 필요 없다. 폴란드인은 폴란드 역사를 외국인에게 알려주기 좋아하기 때문이다. 만찬 회의는 대개 밤늦게까지 이어지며 이는 일이 잘 풀린다는 신호이기도 하다. 조찬 회의는 거의 없다.

단체 회의

폴란드 회의 절차는 간단한 편이다. 서면 안건은 없을 때가 많다. 회의 석상에서 가장 상급자나 연락을 주고받던 담당자가 회의 참석자들을 소개하고 그날의 안건을 발표한다.

회의 분위기는 대개 편안하다. 폴란드인은 평소 자기 생각을 거리낌 없이 말하며 회의에서도 마찬가지다. 당신도 똑같이 해야 한다. 아니면 생각이 없거나 설득력이 없어 보인다. 자기 주장을 뒷받침하는 사실이나 수치가 있다면 눈에 보이는 자료로 준비하자. 폴란드 회의는 아이디어를 교환하기보다 주로 사실이나 조사 결과를 확인하고 토론하는 자리이기 때문이다.

【 시간 엄수 】

첫 회의라면 제시간에 참석하는 것이 중요하다. 그 뒤로는 시간을 지켜도 나쁠 건 전혀 없지만 십 분쯤 늦었다고 너무 당황하지는 말자. 시간 약속을 잘 지키는지는 폴란드에서 사람을 평가하는 기준이 아니기 때문이다. 다만 회의마다 번번이 지각하면 다른 참석자를 무시하는 것처럼 보인다.

발표

폴란드 사무실은 대부분 발표에 필요한 장비를 갖추고 있다. 파워포인트를 화면에 띄우는 프레젠테이션은 이제 많은 기업에서 흔히 보는 모습이다. 따로 요청이 없더라도 사실과 자료를 곁들여 발표하면 항상 좋은 인상을 남길 수 있다. 발표하는 동안 상급자뿐 아니라 회의 참석자 모두와 눈을 맞추자. 가벼운 잡담으로 발표를 시작해도 좋지만, 외국과 폴란드의 문화 차이를 두고 하는 농담은 폴란드인에게 생각만큼 재밌지 않을 수 있으니 삼가야 한다. 마지막으로, 발표 중간에 끼어드는 사람이 있어도 놀라지 말자. 폴란드인에게 질문은 관심의 표현이며 발표가 다 끝나고 나서가 아니라 그때그때 질문할 때가 많다.

협상

폴란드식 협상이라고 콕 집어 말할 만한 것은 없다. 폴란드 비즈니스의 다른 특징들처럼 상대가 어린지, 국제 비즈니스 경험이 있는지에 따라 협상 방법이 달라지기 때문이다. 항상 그렇듯 명확한 의사소통이 무엇보다 중요하다. 만약 폴란드인이 보기에 당신이 거들먹거리거나 자신을 깔보는 듯하면 그들은 협력하는 대신 훼방을 놓는 등 일의 능률을 떨어뜨릴 것이다.

솔직하고 열린 태도로 협상에 임한다면 상대도 그럴 것이다. 비즈니스에서는 인간관계가 중요하다. 협상을 잘 마무리하면 돈독한 사이로 나아가는 첫발을 내딛는 셈이다.

【 거래 마무리하기 】

실제 서명이 오가지는 않아도 회의를 마무리할 때 협상 과정에서 나온 합의 사항을 서면이나 이메일로 남긴다. 양해각서처럼 간결하게 협상 내용과 결과를 정리하고 양쪽이 준수해야 할 의무 사항을 기록한다.

계약

폴란드 민법은 대륙법에 기초한다. 다른 나라들처럼 비즈니스 계약을 중요하게 취급한다. 폴란드어 어문 규범은 계약 당사자 가운데 어느 한쪽만 폴란드 법인이어도 폴란드어로 계약서를 작성하도록 규제한다. 외국어로 합의서를 작성해도 상관없지만, 법적 구속력은 폴란드어 계약서에만 있다.

표준 계약 절차는 다음과 같다. 협상을 마친 다음 계약 당사자 가운데 한쪽이, 주로 회의를 주관한 쪽에서 변호사를 통해 계약서 초안을 작성한다. 계약서 초안을 받은 상대는 계약서 항목과 관련해 수정이나 삭제를 요청할 수 있고 이는 상호간에 진지하게 검토해야 하며 필요하다면 회의를 열어 수정 사항을 다시 논의한다. 이때 변호사들을 대동하고 계약서에 서명하라고 상대를 압박하는 일은 거의 없다.

양쪽 서명이 끝난 계약서를 두고 논쟁하는 일도 있지만 흔하지는 않다. 재판과 소송에 들어가는 시간과 비용 때문에 점점 중재나 조정으로 문제를 해결할 때가 많다. 양쪽이 동의한 중재소의 결정과 조정 내용은 법원 판결과 같은 효력을 지닌다.

기업 문화 대 현지 문화

폴란드에는 공통된 기업 문화라고 할 만한 게 없어서 폴란드의 많은 다국적 기업은 외국 기업 문화를 폴란드에 도입하려 했다. 결과는 저마다 달랐다. 경력을 쌓아 승진하기를 바란 젊은 직원들은 확고한 기업 문화도 쉽게 받아들였다. 하지만 경험과 지식이 많고 나이 든 직원들은 기업이 직원을 멋대로 조

종한다고 여겼고 기업 문화를 뿌리내리려는 시도에도 심드렁
했다.

【 적절히 예의 갖추기 】

사람을 만날 때 적절히 예의를 갖추기란 안 그래도 까다로운
문제인데 비즈니스에서는 더욱 중요하다. 외국인과 일한 경험
이 있는 폴란드인은 엄숙하지 않고 편안한 분위기로 당신과
조율하며 일할 것이다. 당신이 폴란드인보다 연장자거나 상급
자라면 격식을 갖출지 말지는 당신 결정에 달렸다. 하지만 반
대로 당신이 어리거나 직급이 아래라면 나서지 말아야 한다.

문화 차이 관리

외국인 기업인은 대개 폴란드가 자유시장 경제를 경험한 기간
보다 오래 일한 사람들이다. 반대로 폴란드인은 그보다 훨씬
어리고 경력이 짧다. 그래서 외국인은 자신이 폴란드인보다 지
식과 경험에서 앞선다고 생각해 무심코 폴란드인을 가르치는
듯한 태도를 보이기도 한다.

고위직 폴란드인들은 젊긴 해도 그 자리에 오르기까지 무던히 애쓴 사람들이다. 경험은 적어도 학력이 높고 외국인이 모르는 현지 사정을 미묘한 차이까지 꿰뚫어 보는 통찰을 지녔다. 당신이 기꺼이 그 통찰을 배우고 함께 소통한다면 선물 같은 비즈니스 인맥을 얻을 것이다.

【 의사소통 】

오해를 피하는 가장 좋은 방법은 소통이다. 폴란드인 동료나 부하 직원에게 당신이 하려는 일이 왜 중요한지 설명해보자. 폴란드인 동료와 그때그때 명확하게 소통하는 외국인들은 거의 문제가 없다. 폴란드인 부하 직원을 관리할 때는 일의 진행 상황을 틈틈이 확인하면서 언제든지 도와주겠다는 자세가 중요하다. 이렇게 소통하지 않으면 제대로 정보를 얻지 못하고 동료나 부하 직원도 협력하지 않는다.

여성 기업인

공산정권 시절 여성의 승진은 분야에 따라 수월하기도 하고 그렇지 않기도 했다. 지금은 상황이 다르다. 여성이 직급 사다리의 맨 아래에 있을 때는 승진이 어렵거나 차별을 겪거나 하지 않는다. 그러나 사다리 위로 올라가면서 상황이 달라진다.

예외는 있지만 대체로 비즈니스란 남자들이 하는 일로 여기며, 여성 경영진은 동료들이, 특히 나이 많은 남성 경영진이 자신을 동등하게 대우하지 않는다고 느낀다.

통계적으로 여성은 동일 노동 대비 급여가 적

시류에 저항하다. 밸류 컨설팅 그룹 창업자이자 억만장자인 도미니카 쿨칙

은 편이며 고임금 직군에서 특히 그렇다. 폴란드에서 여성이 직장을 다니는 것은 여전히 가장인 남편의 수입에 조금 보태는 활동 정도로 여기며 이런 생각은 시골로 갈수록 더 심하다.

성차별을 금지하는 법률이 존재하지만, 태도는 좀처럼 바뀌지 않고 있다.

09

의사소통

폴란드인은 모국어를 무척 자랑스러워하며 외국인이 폴란드어를 배우려고 애쓰는 모습을 폴란드 문화에 대한 존중으로 여긴다. 더욱이 폴란드인은 폴란드어를 배우려는 외국인이 별로 많지 않다고 생각한다. 폴란드에 오래 체류했어도 음료밖에 주문할 줄 모르는 외국인이 많기 때문이다.

폴란드어

외국인에게 폴란드어는 고역이다. 옹기종기 모인 자음을 발음하려고 하면 출근길에 교통 체증을 만난 기분이다. 기차역 창구에서 슈체친(철자가 Szczecin으로 여러 자음이 붙어 있어 어떻게 발음해야 할지 난감하다 - 옮긴이)으로 가는 표를 달라고 말해보면 무슨 뜻인지 알 것이다. 안내데스크 직원에게 크지슈토프 브젱치슈치키에비치 씨를 만나러 왔다고 말하는 건 또 어떤가? 사람 이름만이 아니다. 라틴어를 배워본 적 있는가? 폴란드어는 라틴어처럼 격에 따라 명사의 형태가 바뀌는 격변화가 존재한다. 문법상 격을 일곱 가지로, 성을 세 가지로 구분하는 폴란드어는 원어민도 어려워한다. 명사 돔^{dom}을 한번 살펴보자. 집을 뜻하는 이 말은 용법에 따라 돔^{dom}, 도멤^{domem}, 도무^{domu}로 바뀐다. 비슷한 격변화를 사람 이름과 마을, 국가명에도 적용한다.

이렇듯 미로 같은 폴란드어를 외국인이 배우는 이유는 폴란드어를 배우려는 외국인을 폴란드어 실력이야 어떻든 폴란드인이 기특하게 여겨서이다. 폴란드인은 모국어를 무척 자랑스러워하며 폴란드어를 배우려고 애쓰는 모습을 폴란드 문화에 대한 존중으로 여긴다. 더욱이 폴란드인은 폴란드어를 배우려는 외국인이 별로 많지 않다고 생각한다. 폴란드에 오래 체류했어도 음료밖에 주문할 줄 모르는 외국인이 많기 때문이다.

◦ 영어 할 줄 아세요?
아니면 프랑스어나 러시아어는요? ◦

공무원, 역무원, 버스 운전사, 그리고 앞으로 당신이 만날 폴란드인은 외국어를 못하기로 악명높다. 바르샤바 교통경찰에 관한 농담이 있다. 하루는 영국인 사업가가 길을 잃고 도와줄 사람을 찾다가 교통경찰들을 발견하고 차를 세웠다.

"영어 할 줄 아세요?" 사업가가 물었다.

"니에(아니요라는 뜻의 폴란드어 - 옮긴이)." 경찰이 대답했다.

"팔레 부 프랑세(프랑스어를 하나요)?"

"니에." 다른 경찰이 대답했다.

"가버릿 포 러스키(러시아어를 하나요)?"

"니에."

별로 도움이 되지 않을 것 같아 영국인은 다시 창문을 올리고 떠났다. 두 경찰은 방금 상황을 두고 이야기했다.

"우리 외국어를 배워볼까?"

"왜? 저 외국인 좀 봐. 외국어를 세 개나 하는데도 쓸모가 없잖아."

그런데 폴란드인은 대개 영어로 말할 기회가 생기면 무척 좋아한다. 가벼운 접촉 사고를 낸 외국인 운전자 이야기다. 외국인 운전자의 과실이었지만 상대편 폴란드인 운전자는 외국인과 영어로 말할 기회가 생겼다며 보험 처리를 하면서 너무나 기뻐했다고 한다.

사실 주요 도시는 어디든지 영어가 통한다. 길을 묻거나 메뉴를 고를 때 30세 이하 폴란드인을 찾으면 영어를 할 확률이 상당히 높다. 도움을 받은 다음 헤어질 때 '지엥쿠예'나 '생큐'라고 말하는 것을 잊지 말자.

폴란드 서부, 호수 지역(마주리), 과거 독일 영토였던 지역은 영어 다음으로 독일어를 사용한다. 폴란드에 거주하는 독일인들은 반독일 정서를 경험한 적은 없으며 어디에서든 환영받는 느낌이라고 말한다.

이렇듯 제2차 세계대전의 원한은 대개 잊혔지만 냉전 시대는 아니다. 러시아어를 아는 사람은 많아도 러시아어 사용자를 대하는 태도는 사람마다 상당히 다르다. 공산정권이 다스리던 1989년까지는 러시아어가 필수 과목이었지만 현재는 대부분 영어, 독일어, 프랑스어로 대체되었다. 러시아를 향한 반감은 우크라이나 침공으로 더욱 심해졌다.

대화

폴란드인은 친근하고 편안한 분위기에서 대화하기 좋아하며 어떤 주제든 마음껏 이야기한다. 정치나 종교 이야기도 금기가 아니다. 삼가야 할 주제가 있다면 폴란드에 대한 비판이다. 앞서 살펴봤듯이 폴란드인은 가장 암울한 역사 속에서도 웃음을 잃지 않았고 지금의 폴란드를 두고도 농담을 즐긴다. 하지만 외국인이 폴란드를 소재로 농담하는 것은 피해야 한다. 반대로 외국인이 자국을 소재로 농담한다면 폴란드인도 함께 즐길 것은 물론, 외국인이 거만하다는 인상을 바꿔줄 것이다.

〔 목소리 크기 〕

이탈리아인처럼 폴란드인도 대화할 때 목소리가 큰 편이다. 처음 폴란드에 온 외국인은 말다툼하는 건가 싶겠지만 활기찬 대화는 폴란드인의 일상이다. 따라서 폴란드인 친구나 동료가 당신 의견에 흥분해서 목소리를 높이며 반대해도 공격하는 게 아니다. 이는 오히려 폴란드인이 당신을 훌륭한 대화상대로 인정한다는 뜻이다. 폴란드인이 흔히 목소리를 높이는 주제는 정치나 경제이며 관심사에 따라 어떤 주제든 열띤 대화를 나눈다.

폴란드인이 두드러진 것은 목소리 크기만이 아니다. 바람직한 농담은 아니지만, 이탈리아인을 조용히 시키려면 두 손을 묶어야 한다는 말이 있다. 폴란드인에게 똑같이 하면 입을 막지는 못하겠지만 말을 더듬거릴 것이다. 하지만 이탈리아인에 비하면 폴란드인은 대화할 때 손짓이나 몸짓을 많이 섞는 편이 아니다. 잘못 손짓해서 무심코 상대를 공격하거나 오해를 살 일이 적으니 외국인에게는 다행이다.

폴란드인은 말을 강조하고 싶을 때 의자에 앉은 채 상체를 앞으로 내밀거나 자리에서 일어난다. 특히 남성끼리 가볍게 대화할 때는 상대 팔이나 등을 두드려 요점을 강조하거나 관심을 얻거나 동의를 표시한다.

【 오해 】

발음이 같지만, 의미가 달라 오해를 사는 가장 흔한 낱말이 '노no'와 '생큐thank you'이다.

폴란드어로 '노'는 영어 대화에서 '흠, 아, 저런, 정말'과 같이 틈새를 메우는 역할을 한다. 상당히 흔한 습관이라 폴란드어와 영어 모두 유창하게 구사하는 사람도 영어로 말하다가 무심코 내뱉을 정도다. 그러니 식당에서 점심 메뉴를 고를 때 맞은편에 앉은 폴란드인이 활짝 웃으며 '노'라고 말해도 너무 놀라지 말자.

'생큐(지엥쿠예)'는 다른 맥락에서 오해를 부른다. 영어 화자는 예 또는 아니요를 묻는 단순한 질문에 '생큐'라고 대답하면 '예'로 이해한다. 예를 들어, '차 한 잔 마실래요?'라고 물으면 마신다는 뜻으로 '생큐'라고 대답한다. 하지만 폴란드인은 '생큐'라는 대답을 '아니요'로 이해한다. 따라서 폴란드인과 대화할 때는 '예, 부탁합니다Yes, please'나 '아니요, 괜찮습니다No, thank you'처럼 예나 아니요를 항상 덧붙여야 한다. 폴란드인이 '생큐'라고 대답하면 수락인지 거절인지 한 번 더 확인하자.

【 다시 살펴보는 호칭 예절 】

앞서 살펴봤듯이 외국인이 예절에 맞게 호칭하기란 쉽지 않다. 사업상 회의이든 개인 모임이든 첫 만남에서 폴란드인은 매우 격식을 갖추며 영어에 Sir나 Madam에 해당하는 판 또는 파니라는 말로 상대를 지칭한다. 하지만 영어에는 정확히 대응하는 낱말이 없으니 서로 이름으로 부르자는 말을 상대가 꺼내기 전까지 상대의 성 앞에 Mr나 Mrs를 붙이자. 당신이 상대보다 연장자이거나 특히 상급자라면 서로 이름을 부를지 말지를 당신이 정해야 한다. 반드시 서로 이름으로 불러야 하는 건 아니므로 마음이 내킬 때만 제안한다.

유머 감각

앞서 잠깐 언급했지만, 폴란드인은 폴란드인다움을 뿌듯해하면서도 웃음거리로 삼는다. 여기에는 복잡한 속사정이 있어서 외국인이 무심코 따라 했다가는 단지 폴란드를 비난하는 것으로 보이기 쉽다.

폴란드식 유머는 주로 상황이 자아내는 웃음으로 말장난보다는 이야기 흐름에서 나오는 농담이다. 동음이의어를 활용한 말장난에 폴란드어가 적합하지 않을 수도 있다. 폴란드인은 슬랩 스틱 코미디를 깊이가 없고 유치하게 여겨 좋아하지 않으며 누군가 넘어졌을 뿐인데 그걸 보고 웃는 것을 이상하다고 여긴다. 폴란드식 농담은 낯설고 엉뚱하며 은근하다.

욕설

알아듣기는 어렵지만, 폴란드인은 욕을 자주 한다. 하지만 늘 그렇듯 누가 욕을 하는지가 더 중요하다. 주로 사회적 지위나 교육 수준이 낮은 사람들이 욕을 하는데, 편안한 자리에서는 지위에 상관없이 모든 젊은이가 욕을 하는 편이다.

폴란드인도 영어 욕을 잘 알지만, 으레 그렇듯이 모국어 욕이 더 입에 잘 붙는다. 맥락과 크게 상관없이 툭툭 내뱉는 욕설에 너무 놀라지 말자.

'예스' 문화

폴란드에서 오래 산 외국인이라면 문제가 될 법한 폴란드 문화가 무엇인지 알 것이다. 폴란드에는 '예'라고 대답하지 말아야 할 상황에서조차 그렇게 대답하는 문화가 있다. 특히 '프로젝트는 잘 진행되고 있나요?' 같은 질문을 할 때가 문제다. 폴란드인은 프로젝트가 아직 시작조차 못 한 상황이더라도 현재 상황을 있는 그대로 알리기보다 앞으로 잘될 거라는 뜻으로, '예'라고 대답한다. 그리고 질문자가 프로젝트 진행 상황을 진심으로 알고 싶다면 더 자세히 물어보리라고 예상한다. 이런 문화 탓에 폴란드인은 그 대답이 오해를 낳으리라고는 전혀 생각하지 못한다. 외국인이 혼란을 겪듯이 폴란드인도 외국인의 반응에 난감해한다.

언론 매체

1989년 공산정권이 막을 내리자 폴란드는 언론의 자유를 누렸다. 하지만 최근 공영방송국이 다시 언론의 자유를 위협하고 있다. 그런 이유로 폴란드인은 점점 인터넷으로 옮겨가는 듯하다. 최근 연구에 따르면 사람들이 가장 많이 보는 뉴스 매체가 인터넷이며 텔레비전과 인쇄물이 그다음이었다.

〔 텔레비전과 라디오 〕

텔레비전은 하루 평균 시청 시간이 4시간일 만큼 폴란드인에게 인기 있는 매체지만 점차 이 수치가 떨어지고 있다. 공영 텔레비전^{TVP} 뉴스는 현재 정부 여당인 법과 정의당의 입김이 크게 좌우한다. 그 결과 정치 성향에 따라 텔레비전 뉴스 채널은 우파인 TVP와 좌파인 민영방송사 TVN으로 나뉘었으며 최근에는 TVP보다 TVN 시청률이 높다.

라디오는 공영방송과 민영방송이 섞여 있다. 가장 인기 있는 프로그램으로 민영방송은 〈RMF FM〉과 〈라디오 제트〉가 있으며 공영방송은 전국 채널과 지역 채널이 있는 〈라디오 폴란드(폴스키에 라디오)〉가 있다. 가장 논란이 심한 프로그램은 강경 보수파인 〈가톨릭 라디오 마리야〉다. 이 채널은 낙태, 이민자, 성소수자, 페미니스트, 신자유주의에 강력하게 반대하는 방송으로 유명하다.

폴란드인은 신문을 열심히 읽으며 온라인이든 종이 신문이든 가리지 않는다. 공산주의가 무너지자 어떤 정치 견해든 마음껏 표현할 자유가 생겼다. 진보를 대변하는 일간 신문은 〈가제타 비보르차(선거 공보)〉로, 반체제 인사였던 역사학자 아담 미치니크가 편집인으로 있다. 폴란드어를 읽지 못한다면 온라인과 인쇄물로 제공되는 저명한 영어잡지 세 권을 추천한다. 〈바르샤바 보이스〉, 〈바르샤바 인사이더〉, 〈바르샤바 비즈니스 저널〉은 수도 바르샤바에 체류하거나 거주하는 외국인에게 최신 정보를 제공한다. 아울러 호텔, 공항, 기차역, 관광객 안내소에서는 여행객을 위한 여러 정보지를 무료로 배포한다.

전화

폴란드의 통신 체계는 20년 전 볼품없던 기반 시설을 놀랍도록 개선한 끝에 오늘날 다른 유럽 국가와 흡사한 수준으로 바뀌었다. 선불 SIM 카드는 키오스크와 휴대전화 판매점에서 판매하며 로밍을 따로 하지 않아도 국외에서 잘 작동한다. 유럽연합국가에서 온 여행자는 로밍 요금이나 추가 비용 걱정 없이 전화, 데이터를 마음껏 사용할 수 있다.

줄잡아 폴란드 인구의 78%가 스마트폰을 사용하며 더 이상 유선 전화를 사용하지 않는 사람이 많다. 공항, 상점, 식당, 카페, 기차역, 쇼핑몰 등 많은 곳에서 무료 와이파이를 제공한다.

[지역번호]

폴란드의 국가번호는 48이다. 국가번호는 유럽 어디든 거의 같다. 아래 대도시 가운데 몇몇 도시의 지역번호는 유선 전화로만 연결되는데 휴대전화로도 연결되는 지역이 늘고 있다. 휴대전화로 걸 때는 지역번호를 따로 누르지 않는다.

[코모르키]

폴란드인은 휴대전화, 폴란드어로 텔레포니 코모르코비, 줄여서 코모르키와 사랑에 빠졌다. 휴대전화는 사회적 지위를 드러내는 물건에서 순식간에 나이나 소득에 상관없이 '누구나 사야 할' 필수품이 되었다. 학생, 직장인, 가정주부, 은퇴자까지 모두가 거리를 거닐며 휴대전화로 통화하는 모습을 볼 수

폴란드 지역번호
(폴란드 국내에서 유선 전화로 걸 때는 0을 먼저 누른다)
그단스크 58
카토비체 32
크라쿠프 12
포즈난 61
바르샤바 22
브로츠와프 71

있다.

폴란드에는 여러 휴대전화 통신망이 있으며 모두 GSM 표준으로 운영되어 외국 휴대전화도 로밍을 통해 문제없이 작동한다. 현재 폴란드 전 지역에 5G 통신망을 제공한다.

인터넷과 이메일

폴란드 가구의 92%가 광역 인터넷망을 사용한다. 최근 인터넷 속도가 눈에 띄게 빨라졌으며 서유럽 국가와 격차도 줄었다. 무료 와이파이를 제공하는 카페나 식당이 많다. 와이파이가 필요하면 직원에게 비밀번호, 즉 '하스워(폴란드어로 비밀번호를 뜻함-옮긴이)'를 알려달라고 하자. 큰 기차역, 쇼핑몰, 대중교통 정류장에서도 무료 와이파이를 제공한다.

【 온라인 소통 】

메신저로 메시지를 주고받고 휴대전화로 영상 통화를 하는 모습은 많은 폴란드인에게 이제 일상이 되었으며 친구나 가족끼리는 물론이고 학교나 직장에서도 흔히 볼 수 있다. 업무 목적으로 가장 많이 사용하는 플랫폼은 줌, 스카이프, 마이크로소프트 팀즈다. 친구나 가족끼리 대화할 때는 페이스북 메신저, 바이버, 시그널, 왓츠앱, 텔레그램을 주로 사용한다. 온라인 게임 이용자는 디스코드나 팀스피크를 사용한다.

우편

폴란드의 우편 체계(포츠타 폴스카)는 상당히 저렴하고 효율적이다. 원래 국가에서 택배 서비스를 독점하다시피 했으나 민간 기업이 시장에 뛰어들면서 독점 구조가 무너졌다. 최근 DHL,

UPS, 인포스트 같은 택배 업체가 접근성을 높이고자 개인이 편의점에 가서 직접 소포를 발송하고 회수할 수 있게 하는 등 서비스를 확대하고 있다

우체국은 그야말로 어디든 있으며 주로 오전 8시~오후 7시까지 운영하며, 대도시에서는 24시간 운영한다. 우편 발송은 물론 우편환을 사거나 환전도 할 수 있다.

사람들이 쓸데없이 길게 줄을 서지 않도록 최근 우체국은 자동 번호 시스템을 도입했다. 입구로 들어가 번호표 기계에서

국가가 운영하는 우체국의 빨간 우체통

번호표를 받은 다음, 우편 창구 위로 번호가 뜨기를 기다린다. 편지나 물건을 항공 우편으로 보내려면 폴란드어로 '로트니차'라고 말하거나 국제 표준인 '파아비옹'(항공편-옮긴이)이라고 말한다. 그런 다음 우편 창구 바구니에 있는 로트니차 스티커를 우편물에 붙인다. 아쉽지만 우체국에서 영어를 할 줄 아는 사람은 찾기 어렵다.

결론

지금껏 살펴봤듯이 아득한 옛날부터 오늘날까지 폴란드는 역사의 흔적을 고스란히 간직하고 있다. 지난 50년 동안 대도시를 휩쓴 변화도 느긋한 농촌의 삶을 바꾸지는 못한 듯 보인다. 하지만 폴란드가 겪은 영광과 박해, 좌절과 부활은 폴란드 문화의 뿌리와 줄기에 스며들었다.

오늘날 폴란드 문화가 얼핏 하나처럼 보이지만, 과거 폴란드가 독일, 프랑스, 러시아, 유대인, 타타르인, 이탈리아 등 여러 민족과 나눈 교류의 흔적은 예술, 건축, 요리, 민속, 신화 등 폴란드 문화 곳곳에 남았다.

폴란드는 세계 최초로 성문 헌법을 제정한 나라 가운데 하나이며, 인류 과학과 문화에 크게 공헌한 인물들, 코페르니쿠스, 마리 퀴리, 프레데리크 쇼팽, 조지프 콘래드, 로만 폴란스키를 낳았다. 그리고 무엇보다 우리가 어떤 시련도 인내할 수 있고, 삶과 국가가 무너져도 다시 일어날 수 있다는 희망을 인류에게 선물했다.

여러분이 이 책을 나침반 삼아 풍성한 폴란드인의 삶과 지혜 속에서 보물을 발견하기를 바란다. 그 여정은 값지고 설렐 것이다. 비타미 브 폴세(폴란드에 오신 걸 환영합니다 - 옮긴이)!

유용한 앱

【 여행과 이동 】

BlaBlaCar
폴란드의 대표 카셰어링 앱이다. 운전자나 승객으로 등록해 평소 자주 다니는
단거리, 장거리 경로에서 카셰어링을 이용할 수 있다.

e-Toll
고속도로 통행료를 편리하게 낼 수 있다.

Google Maps
여러 교통수단을 섞어서 이동할 때 계획 세우기에 좋다.

JakDojade
대중교통으로 이동할 때 계획 세우기에 유용한 앱이다. 앱에서 바로 표를 구매할
수도 있다.

【 음식과 쇼핑 】

Allegro
폴란드의 이베이인 알레그로는 폴란드인이 가장 많이 사용하는 온라인 쇼핑 사
이트이다.

Booksy
미용사, 마사지사, 피부 관리사를 예약할 수 있다.

Frisco
온라인 전용 슈퍼마켓으로 쇼핑은 물론 배달 주문도 할 수 있다.

Glovo
음식, 가정용품 등 생활필수품을 배달해주는 앱이다.

Pyszne
폴란드에서 가장 인기 있는 음식 배달앱이다.

【 의사소통과 사람 만나기 】

Babbel Polish

온라인 폴란드어 강좌다. 맛보기 수업을 무료로 제공하며 매월 구독료를 결제하는 방식이다.

Badoo, Tinder, Sympatia

폴란드에서 가장 인기 있는 데이트 앱이다.

Viber, WhatsApp, Facebook 메신저

폴란드에서 가장 널리 사용하는 메신저 앱이다.

DIC-o Polish-English

무료 온라인 사전이다.

유용한 웹사이트

www.biznes.gov.pl/en
창업 정보와 서비스를 제공하는 폴란드 정부 웹사이트로 사업 운영에 관한 정보도 함께 제공한다.

www.cia.gov/cia/publications/factbook/geos/pl.html
미국 CIA가 제공하는 세계의 사실 가운데 폴란드 항목이다. 빠르고 손쉽게 정확한 사실을 찾아볼 수 있다.

www.lot.com
롯항공은 폴란드 국영항공사다. 국내외 항공기 일정을 확인하고 예약할 수 있다.

www.orbis.pl
오비스는 국영 호텔 기업으로 영어 관광 안내도 제공한다. 호텔과 각종 투어를 예약할 수 있다.

www.poland.gov.pl
폴란드 공식 정부 웹사이트로 영어 버전도 제공한다. 폴란드와 폴란드인에 관한 흥미로운 소개가 담긴 사용자 친화적인 사이트다.

www.pkp.pl
PKP는 폴란드 국영 철도 홈페이지로 영어 안내도 제공한다. 인터시티와 현지 열차 시간표를 확인할 수 있다.

www.thenews.pl
폴란드 공영 라디오의 영어 방송 서비스로 신뢰할 만한 최신 뉴스를 제공하며 오디오 방송과 함께 스크립트도 제공한다.

www.warsawvoice.pl
〈바르샤바 보이스〉. 주간 영어신문으로 폴란드에서 일어나는 사건과 시사 정보를 그때그때 제공한다.

www.warsawinsider.pl
〈바르샤바 인사이더〉. 월간 영어잡지로 외국인 거주자를 위한 클럽이나 단체, 식당, 술집, 카페, 극장 등을 상세히 소개한다.

www.wbj.pl
〈바르샤바 비즈니스 저널〉. 매주 발행되는 비즈니스 영어잡지로 비즈니스와 일반
뉴스, 맛집 정보가 실려 있다.

참고문헌

Aitken, Ben. *A Chip Shop in Poznan: My Unlikely Year in Poland*. London: Icon Books, 2020.

Czerniewicz-Umer, Teresa, Malgorzata Omilanowska, and Jerzy S. Majewski. *Poland* (Eyewitness Travel Guides). New York: DK Publishing Inc., 2019.

Davies, Norman. *God's Playground*. Volumes 1 and 2. New York: Columbia University Press, 2005.

Davies, Norman. *Heart of Europe: The Past in Poland's Present*. Oxford: Oxford University Press, 2001.

Davies, Norman. *Rising '44: The Battle for Warsaw*. New York: Viking Books, 2004.

Kapuscinski, Ryszard. *Nobody Leaves: Impressions of Poland* (Penguin Modern Classics). London: Penguin Classics, 2019.

Knab, Sophie Hodorowicz. *Polish Customs, Traditions, and Folklore*. New York: Hippocrene Books, 1996.

Lukowski, Jerzy, and Hubert Zawadski. *A Concise History of Poland* (2nd edition). Cambridge: Cambridge University Press, 2006.

Michener, James. *Poland*. New York: Fawcett Books, 2015.

Olson, Lynne, and Stanley Cloud. *A Question of Honor: The Kościuszko Squadron: Forgotten Heroes of World War II*. New York: Knopf, 2003.

Richmond, Simon et al. *Poland* (9th edition). Australia: Lonely Planet Publications, 2020.

Salter, Mark. *The Rough Guide to Poland* (8th edition). London: Rough Guides, 2018.

Szpilman, Wladyslaw. *The Pianist: The Extraordinary True Story of One Man's*

Survival in Warsaw, 1939–1944. New York: Picador, 2002.

Terterov, Marat, and Johnathan Reuvid (eds). *Doing Business with Poland* (4th edition). (Global Market Briefings). London: Kogan Page, 2005.

Tokarczuk, Olga. *Drive Your Plow Over the Bones of the Dead*. (2nd edition). London: Fitzcarraldo Editions, 2018.

Zamoyski, Adam. *The Polish Way: A Thousand-Year History of the Poles and Their Culture*. New York: Hippocrene Books, 1993.

지은이

그레고리 알렌

캐나다의 사회학자로 비교 문화 관리, 직장 내 다양성, 비판적 경영 연구를 전공했으며 현재 영국 케임브리지의 앵글리아 러스킨 대학교에서 조직 행동을 가르치고 있다. 박사 논문 주제로 학문과 산업 측면에서 폴란드 내 외국인 관리자들의 인식을 탐구했다. 폴란드인 아내와 함께 12년 동안 폴란드에서 살다가 영국으로 이주했다.

막달레나 립스카

폴란드 브르비노프에서 태어났으며 바르샤바에서 영어, 일본어 교육과 통번역 업무를 하고 있다. 바르샤바 대학교에서 일본학 석사를 취득한 후 일본 정부 장학생으로 오사카 대학교에서 일 년 동안 공부했다. 전형적인 폴란드 MZ세대답게 인터넷에 익숙하며, 세계 각국을 여행하며 나라별 문화 차이를 직접 경험했다.

옮긴이

이민철

고려대학교에서 일본어와 일본문학을 전공하고 한국씨티은행 커뮤니케이션부와 자금세탁방지부에서 일했다. 글밥 아카데미 영어 출판번역과정을 마치고 바른번역 소속 번역가로 일하고 있다.

세계 문화 여행
시리즈

**세계의 풍습과 문화가 궁금한
이들을 위한 필수 안내서**